Thomas Alber

Aufrecht bis zum Schafott

Willi Graf und die „Weiße Rose“

Über den Autor

Thomas Alber, Jahrgang 1957, ist in Friedrichshafen am Bodensee aufgewachsen. Nach seinem Studium zum Dipl. Verwaltungswirt (FH) arbeitete er bis zu seiner Pensionierung bei mehreren Behörden. Seit Jahrzehnten ist er mit digitalen Bildvorträgen mit vorwiegend religiösem Inhalt in Baden-Württemberg, Bayern und Vorarlberg unterwegs (www.alber-diavortrag.de). Er ist außerdem Autor der im Fe-Medienverlag erschienenen Bücher „Pater Johannes Leppich. Das Maschinengewehr Gottes“ und „Carlo Acutis. Missionar im Internet“.

Thomas Alber

Aufrecht bis zum Schafott

Willi Graf und die „Weiße Rose“

fe

1. Auflage 2023

www.fe-medien.de

Cover: Bleistiftzeichnung von Irina Levina, Lindau, ergänzt
durch eine Bearbeitung mit Photoshop durch den Autor
Umschlagrückseite: Thomas Alber

Satz und Layout: Renate Geisler
Druck: orthdruk, Białystok, Polen

ISBN: 978-3-86357-370-6

Inhaltsverzeichnis

Vorwort

Abb. 1: Prälat Prof. Dr. Helmut Moll

Der damalige Bundespräsidenten Johannes Rau (1931-2006) hielt am Gedenktag für die Opfer des Nationalsozialismus am 26. Januar 2001 vor dem Deutschen Bundestag fest: „Gewiss: Es hat damals sehr viel weniger Widerstand und Hilfe für Verfolgte gegeben, als wir uns das im Nachhinein wünschen. Es hat aber mehr gegeben, als wir lange gewusst haben." Viele von denen, die es nicht zu vergessen gilt, waren bereit, für den Widerstand mit dem Preis ihres Lebens zu bezahlen. Wie Leuchttürme ragen diejenigen heraus, die als Menschen aus der Kraft Gottes von der katholischen Kirche zur Selig- und Heiligsprechung geführt wurden. Heiliggesprochen wurde 1982 der Minoritenpater Maximilian Maria (Rajmund) Kolbe (1894-1941), er bot sein Leben im KZ Auschwitz für einen schon zum Tode bestimmten Familienvater an; im Jahr 1998 die Philosophin und Karmelitin Teresa Benedicta a Cruce, bekannt als Edith Stein (1891-1942), als geschätzte Vortragsrednerin vor allem zu Frauenfragen starb sie in den Gaskammern des KZ Auschwitz; im Jahre 2022 Karmelitenpater und Professor für Philosophie und Geschichte der Mystik Titus (Anno Sjoerd) Brandsma (1881-1942), er unterstützte den Widerstand der niederländischen Bischöfe. Als Selige wurden unter anderen aufgenommen im Jahr 1987 der französische Drucker Marcel Callo (1921-1945), der Zwangsarbeiter unter seinen Arbeitskollegen missionierte; im Jahr 1996 der Münsteraner Neupriester Karl Leisner (1915-1945), der im KZ Dachau zum Priester geweiht wurde; ebenfalls im Jahr 1996 der Berliner Dompropst Bernhard Lichtenberg (1875-1943), sein öffentliches tägliches Abendgebet in der Berliner Hedwigskathedrale, indem er für die verfolgten Juden betete, wurde ihm zum Verhängnis; im Jahre 1996 der Innsbrucker Diözesanpriester Pfarrer Otto Neururer (1882-1940), er warnte eine Frau vor der Hochzeit mit einem überzeugten Nationalsozialisten; am gleichen Tag der österreichische Marianistenpater Jakob Gapp (1897-1943), der die Unvereinbarkeit zwischen katholischer Kirche und Nationalsozialismus betont hatte; im Jahre 1998 die österreichische Krankenschwester Maria Restituta (Helene) Kafka (1894-1943), sie war nicht bereit, die Kruzifixe aus den Krankenzimmern des Hospitals zu entfernen; im Jahre 2001 der in der katholischen Arbeiterbewegung verantwortliche Familienvater und Redakteur Nikolaus Groß (1898-1945); im Jahre 2007 der österreichische Familienvater und Landwirt Franz Jägerstätter (1907-1943), der den Kriegsdienst Hitlers ablehnte; im Jahre 2010 der schlesische Kaplan Gerhard Hirschfelder (1907-1942), der mit seiner Predigt: „Wer der Jugend den Glauben an Christus aus dem Herzen reißt, ist ein Verbrecher!“ verurteilt wurde; im Jahre 2011 der Würzburger Pfarrer Georg Häfner (1900-1942), der konsequent den Hitlergruß auch in der Öffentlichkeit verweigerte; im gleichen Jahr der sorbische Kaplan Aloys Andritzki (1914-1943), der an der Katholischen Hofkirche zu Dresden sich gegen die Ideologie des Nationalsozialismus stemmte; im gleichen Jahr die Märtyrer des Lübecker Christenprozesses Vikar Hermann Lange (1912-1943), Kaplan Johannes Prassek (1911-1943) und Adjunkt Eduard Müller (1911-1943), die zusammen mit ihrem evangelischen Pastor Karl-Friedrich Stellbrink (1894-1943) im Hamburger Gefängnis unter dem Schafott starben; im gleichen Jahr der österreichische Provikar Dr. Carl Lampert (1894-1944), der im Zuchthaus Halle ermordet wurde; im Jahre 2016 der Mariannhiller Missionar Pater Engelmar (Hubert) Unzeitig (1911-1945), der bereit war, im KZ Dachau sich der Typhuskranken anzunehmen; im Jahre 2017 der den Wehrdienst verweigernde Südtiroler Josef Mayr-Nusser (1910-1945), der in Erlangen elendig verhungerte; im Jahre 2019 Pallottinerpater Richard Henkes (1900-1945), der gegen die Ideologie des Nationalsozialismus auftrat und predigte; im Jahre 2022 die Elisabethschwester Maria Paschalis (Magdalena) Jahn (1916-1945) und ihre neun Gefährtinnen, die sich ihrer Vergewaltigung durch marodierende russische Soldaten widersetzten und ihren Widerstand mit dem Leben bezahlten.

Angesichts der lange Reihe der Zeugen und Zeuginnen erhob sich die Frage, ob nicht auch ein Mitglied aus der jungen Widerstandsgruppe der „Weißen Rose" auf den Weg zur Seligsprechung geführt werden sollte. Der Schriftsteller Thomas Mann (1875-1955), im Exil in Kalifornien lebend, ehrte sie 1943: „Brave, herrliche junge Leute! Ihr seid nicht umsonst gestorben, sollt nicht vergessen sein". Die russisch-orthodoxe Auslandskirche mit Sitz in München hatte 2012 bereits das orthodoxe Mitglied der Gruppe, Alexander Schmorell (1917-1943), in einem Festakt als Neumärtyrer verherrlicht und zum Heiligen erklärt. Das Erzbistum München und Freising leitete in der Folge dankenswerterweise die ersten Schritte zur Eröffnung des Seligsprechungsverfahrens für Willi Graf (1918-1943) ein. Neben der Ernennung des Postulators vereidigte der Erzbischof Reinhard Kardinal Marx am 2. Mai 2022 die drei historischen und die drei theologischen Gutachter.

Die vorliegende Biografie erfreut sich daher hoher Aktualität zur rechten Zeit. Thomas Alber eröffnet sie einer breiten Öffentlichkeit. Was diese Biografie anstrebt, ist die Freilegung von bislang verhüllten Spuren, die Willi Graf auf seinem Lebensweg leiteten, auch wenn Lücken bleiben. Die Arbeit des Autors verleiht der Lebensbotschaft Willi Grafs in seiner gereiften Besonnenheit eine unverkennbare Stimme. Totalitäre Bedrohungen und Einschüchterungen des Lebens, denen sich Willi Graf entgegenstellte, wiederholen sich heute in erschreckend gleicher Gestalt. Mit akribischer Sorgfalt sichtete der Autor das Material zahlreicher Archive. Er befragte Verwandte und noch lebende Zeitzeugen/innen, die ihm ihre Erinnerungen und die vom Hörensagen aufgenommenen Erzählungen bereitwillig zur Verfügung stellten. Nicht zuletzt erarbeitete sich der Autor umfangreiches Bildmaterial, das die Umstände der verschiedenen Lebensetappen veranschaulicht. Dem vorliegenden Band ist eine weite Verbreitung und interessierte Leserschaft zu wünschen. Er möge auch gerade der jungen Generation einen glaubhaften Zeugen ihres Alters vor Augen führen. Dass in diesem Leben Willi Grafs der christliche Glaube in seinen Werten und Überzeugungen als selbstverständliches und verlässliches Lebensfundament erscheint, hat seinen eigenen Wert.

Köln, den 12. Oktober 2022, am 79. Todestag von Willi Graf

Prälat Prof. Dr. Helmut Moll

Beauftragter der Deutschen Bischofskonferenz
für das deutsche Martyrologium des 20. Jahrhunderts

Einführung

Der schlimmste Krieg in der Geschichte der Menschheit ging von deutschem Boden aus. Seine Bilanz überschreitet fast das menschliche Vorstellungsvermögen, denn 60 bis 70 Millionen Menschen verloren ihr Leben. Das waren über drei Prozent der Weltbevölkerung der 30er Jahre. Von den Nationalsozialisten wurden allein rund 6 Millionen Juden brutal ermordet und damit rund 55 % aller vor dem Krieg in Europa lebenden Juden.[1] Viele Millionen Menschen waren daneben von Flucht und Vertreibung betroffen. Nicht zuletzt seien auch die Konzentrationslager mit ihren kaum vorstellbaren Qualen nicht vergessen, in denen die Nationalsozialisten Menschen systematisch gefoltert und getötet haben. Der österreichische Psychologe Gerald Dunkl hat dazu einen zwar makabren, aber dennoch sehr einprägsamen Vergleich angestellt, wenn er sagt:

„Stell dir vor, auf der Eisenbahnstrecke Wien-Paris liegt an den Schienen eng aneinandergepresst ein Mensch neben dem anderen, den Kopf auf der Schiene und am anderen Schienenstrang liegt ebenfalls eng aneinandergepresst ein Mensch neben dem anderen den Kopf auf der Schiene und stell dir vor, du sitzt im Zug und fährst von Wien nach Paris und unter dir über den Schienen die Köpfe der Leute. Du fährst fünfzehn Stunden und jede Sekunde überrollt der Zug ein paar Köpfe von Wien bis Paris tausendvierhundert Kilometer fünfzehn Stunden lang. So viele Menschen wurden in den KZs des Dritten Reiches getötet!“[2]

Die Menschen haben sich damals Hitler und seiner Partei in Massen angeschlossen und das Regime auch nachhaltig unterstützt. Dieser historischen Erkenntnis kann sich keiner verschließen. Die Schande, die auf Deutschland durch die NS-Herrschaft lastet, wird nie wieder aus den Geschichtsbüchern zu tilgen sein.

Es waren hingegen nur wenige, die den Mut aufbrachten, sich gegen die Massenmörder des Nationalsozialismus aufzulehnen. Von denen, die es dennoch versucht haben, verloren viele ihr Leben. Allein der Volksgerichtshof unter seinem fanatischen und blutrünstigen Präsidenten Dr. Roland Freisler fällte in der Zeit von 1934 bis 1945 rund 5.200 Todesurteile.[3]

Und dennoch: Es gab diesen Widerstand, wenngleich er sich in Zahlen ausgedrückt und gemessen an der Gesamtbevölkerung des Deutschen Reiches im Promillebereich bewegt hat.

Es mangelt heute auch nicht an Zeitgenossen, die die Feigheit und den mangelnden Widerstandswillen der meisten Deutschen in jener Zeit anprangern und auch mit Schuldzuweisungen nicht geizen. Aber hier ist Vorsicht geboten, denn jeder muss sich selbst fragen, ob er angesichts der daraus resultierenden Folgen für Leib und Leben wirklich den Mut gehabt hätte, Adolf Hitler und seinem Gefolge die Stirn zu bieten.

Umso mehr müssen wir den wenigen, die eben diese Courage besaßen, großen Respekt zollen und ihre Taten im Bewusstsein der Bevölkerung wachhalten.

Mit Willi Graf habe ich in diesem Buch versucht, einem Widerstandskämpfer der „Weißen Rose“ Wertschätzung und Verehrung entgegenzubringen, der mit seinem Namen sonst allzu leicht hinter der Allgegenwärtigkeit der Geschwister Scholl verschwindet. Dabei war er derjenige, der von allen Kernmitgliedern am meisten zu leiden hatte.

Der britische Premierminister Winston Churchill war nicht nur der entschiedenste Gegner Hitlers, sondern aus seinem Munde klingen die Worte, die er 1946 für den deutschen Widerstand gefunden hat, auch besonders glaubwürdig:

„In Deutschland lebte eine Opposition, die zum Edelsten und Größten gehört, was in der politischen Geschichte aller Völker hervorgebracht wurde. Diese Menschen kämpften ohne Hilfe von innen und außen – einzig getrieben von der Unruhe des Gewissens. Solange sie lebten, waren sie für uns unsichtbar, weil sie sich tarnen mussten. Aber an den Toten ist der Widerstand sichtbar geworden…“[4]

Abb. 2: Winston Churchill (1941)

Ziel dieses Buches war es von Anfang an, nicht jedes kleine Detail zu erkunden, einzuordnen und zu berücksichtigen, vielmehr soll es einen anschaulichen Überblick über das Leben von Willi Graf und die Geschichte der „Weißen Rose“ vermitteln, einen Ersteinstieg in das Thema ermöglichen, gleichzeitig aber handlich im Format sowie in einem Tag lesbar sein. Wer sich darüber hinaus noch vertieft mit der Thematik befassen möchte, dem sei die umfangreiche weiterführende Literatur auf dem Markt empfohlen.

Trotz der vergleichsweise guten Quellenlage und der zahlreichen historischen Forschungen gibt es bei der „Weißen Rose“ noch bei einigen Detailfragen Wissenslücken, die wahrscheinlich auch nie einer vollständigen und eindeutigen Klärung zugeführt werden können. Ich fülle sie nicht mit Vermutungen oder Spekulationen aus. Im Gegenteil, ich benenne sie zwar, aber ich lasse sie stehen, denn ich finde es schön, dass auch der „Weißen Rose“ der zarte Schleier des Geheimnisvollen nicht gänzlich geraubt werden kann.

Schließen möchte ich diese Einführung mit einem herzlichen Dank an alle, die mir bei der Entstehung dieses Buches wertvolle Hilfe geleistet haben und ohne die ein Gelingen des Projektes nicht möglich gewesen wäre.

Friedrichshafen, im August 2022

Thomas Alber

1 Kindheit

Kuchenheim, ein Dorf im Rheinland mit heute rund 3.400 Einwohnern. Seit 1. Juli 1969 ist es ein Stadtteil von Euskirchen.[1]

Abb. 3: Kuchenheim (Luftaufnahme aus den Jahren vor 1939)

Wir gehen weit zurück bis ins Jahr 1918, wenige Monate vor dem Ende des Ersten Weltkrieges, in dem rund 17 Millionen Menschen ihr Leben sinnlos verloren haben.[2] Keiner im Dorf ahnt, dass nur 21 Jahre später ein anderer, noch viel schlimmerer Krieg von Deutschland aus seinen Anfang nehmen wird, und dass in Kuchenheim am 2. Januar 1918 einer das Licht der Welt erblickt, auf den seine Nachwelt wegen seines Widerstandes in diesem Krieg einmal mit Stolz und Dankbarkeit blicken wird: Willi Graf.

Eigentlich ist er bereits das dritte Kind der Familie, aber das erstgeborene starb schon im Alter von zwei Jahren, so dass er dadurch nach seiner älteren Schwester Mathilde den zweiten Platz in der Reihenfolge der Geschwister einnimmt.

Willi empfängt am 8. Januar 1918 das Sakrament der Taufe in der Kirche St. Nikolaus.

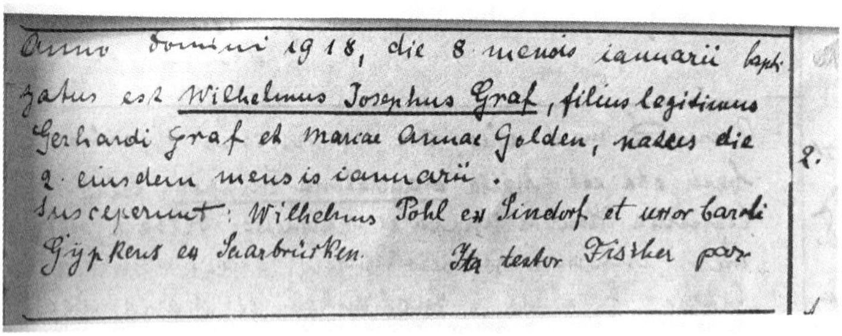

Anno Domini 1918, die 8 mensis ianuarii baptizatus est Wilhelmus Josephus Graf, filius legitimus Gerhardi Graf et mariae Annae Golden, natus die 2. eiusdem mensis ianuarii. 2.
Susceperunt: Wilhelmus Pohl ex Sindorf et uxor Caroli Gypkens ex Saarbrücken. Ita testor Fischer par.

Abb. 4: Taufeintrag von Willi Graf im Taufbuch der Kirchengemeinde St. Nikolaus in Euskirchen-Kuchenheim

Der Taufstein aus jener Zeit ist heute noch erhalten.

Abb. 5: Taufstein in St. Nikolaus in Euskirchen-Kuchenheim (2022)

Beide Eltern stammen aus dem Rheinland und wuchsen in der Landwirtschaft auf. Der Vater, Gerhard Graf, verdient den Lebensunterhalt für seine Familie als Kaufmann und verwaltet in Kuchenheim eine Molkerei.

Abb. 6: Molkerei und gleichzeitig Wohnhaus der Familie Graf in Kuchenheim (Aufnahme aus der Vorkriegszeit)

1921 bringt die Mutter mit Anneliese das „Küken“ der Familie zur Welt. Sie wird im Leben von Willi Graf noch einen bedeutenden Platz einnehmen.

Im darauffolgenden Jahr heißt es Koffer packen! Was ist geschehen? Für Gerhard Graf eröffnet sich ein beruflicher Aufstieg. Er übernimmt in Saarbrücken als Geschäftsführer den „Johannishof“ in der Mainzer Str. 30.

Abb. 7: „Johannishof" in der Mainzer Str. 30 in Saarbrücken im Jahr 2022

Der „Johannishof" ist zu dieser Zeit ein Haus der katholischen Kirche mit einer Saalvermietung für Veranstaltungen und einer Weinhandlung. Daneben verfügt das Haus über sieben Kegelbahnen sowie ein Restaurant für rund 250 Personen.[3]

Die neue Tätigkeit erfordert viel berufliches Engagement, so dass die Zeit, die dem Vater für seine Familie zur Verfügung steht, eng begrenzt ist. Anneliese Knoop-Graf schildert in einem Interview nach dem Krieg, dass sich ihre Mutter nicht um den Betrieb des „Johannishofes" gekümmert habe, sondern eben eine gute Mutter und eine gute Hausfrau gewesen sei.[4] Insofern spiegelt sich darin die klassische Rollenverteilung jener Zeit.

Die Familie Graf bringt es zwar mit dem „Johannishof" nicht unbedingt zu großem Wohlstand, aber die Kinder erleben doch eine Jugendzeit, die weitestgehend frei von wirtschaftlichen Sorgen ist – für die damalige Zeit alles andere als eine Selbstverständlichkeit. Die Familie wohnt in einem Hinterhaus des „Johannishofes", das heute nicht mehr steht.

Willi Graf hat das Glück, in eine tiefgläubige und katholische Familie hineingeboren zu sein. Namentlich seine Mutter Anna trägt einen unerschütterlichen Glauben in ihrem Herzen, den sie auch an ihre Kinder weiterzugeben versucht.

Bei Willi Graf erweist sich der religiöse Boden als besonders fruchtbar.

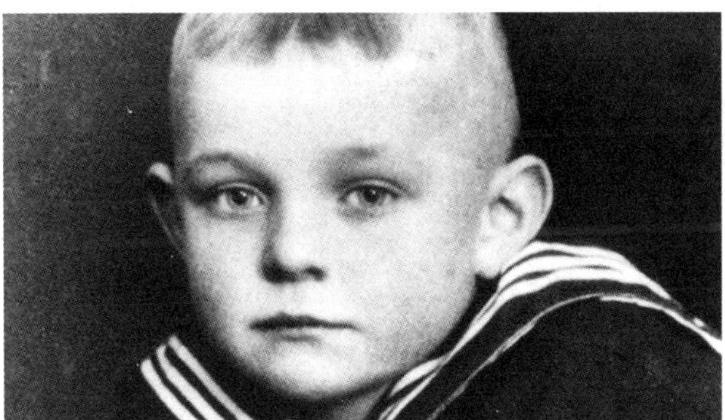

Abb. 8: Willi Graf als kleines Kind

Joachim Baez, der spätere Sohn von Mathilde, erinnert sich noch gut an seine Großeltern und auch an deren Religiosität:

„Meine Großmutter, also Willi Grafs Mutter, war sehr religiös. Ich würde sie durchaus als fromm bezeichnen…

Meinen Großvater habe ich hingegen wenig in der Kirche gesehen. Er war zwar im Kirchenvorstand und trug beim Fronleichnamsfest mit anderen zusammen den Baldachin, aber trotzdem war seine Religiosität bei weitem nicht die seiner Frau. Er war einfach mehr Geschäftsmann. Gleichwohl habe ich beide Großeltern als sehr warmherzig empfunden.“[5]

Abb. 9: Joachim Baez (2022)

1924 beginnt mit der Einschulung in die Grundschule St. Johann für Willi der „Ernst des Lebens“. Probleme bereitet sie ihm aber nicht im Geringsten, er kann sie eher spielerisch ohne nennenswerte Anstrengungen durchlaufen.

So verwundert es nicht, dass er schließlich ab 1928 das humanistische Ludwigsgymnasium in Saarbrücken besuchen darf.

Abb. 10: Ludwigsgymnasium in Saarbrücken (Aufnahme aus den Vorkriegsjahren)

Willi Graf dient gerne als Ministrant in seiner Kirchengemeinde St. Johann. Seine ältere Schwester Mathilde hat ihrem Sohn Joachim Baez davon erzählt:

„Ich weiß, dass er ja Messdiener in St. Johann war und er spielte als Kind zu Hause manchmal hl. Messe. Dazu hatte er beispielsweise auch ein Weihrauchschiffchen, also ein Gefäß, in dem der Weihrauch aufbewahrt wurde. Das zeigt, dass sich auch mein Onkel bereits als Kind sehr stark in der katholischen Liturgie beheimatet fühlte. Ich selbst war dann auch Messdiener in St. Johann in Saarbrücken."[6]

Abb. 11: Basilika St. Johann in Saarbrücken (2022)

Wesenszüge seines heranreifenden Charakters schildert seine jüngere Schwester Anneliese. Willi sei – so berichtet sie – öfters aufbrausend und reizbar gewesen. Später sei er aber zunehmend toleranter und besonnener geworden.[7]

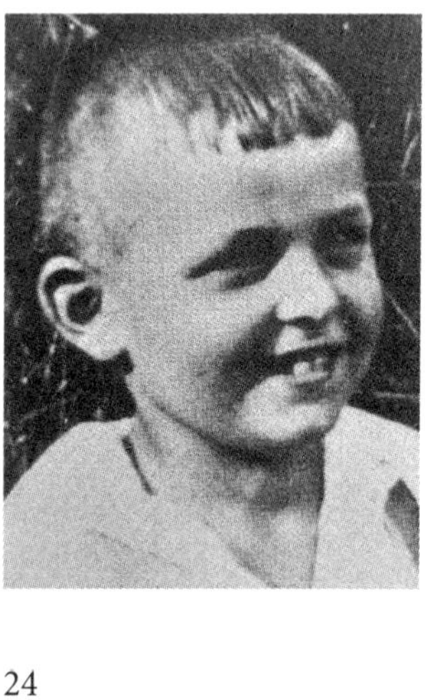

Abb. 12: Kindheitsfoto von Willi Graf (ca. 1924)

Obwohl er schon vergleichsweise früh eigene Wege einschlägt und sich selbst eine Meinung bildet, schätzt er doch sein Elternhaus stets als schützenden Hort. Immer wieder wird es ihn später nach Saarbrücken zurückziehen.

In einem Brief vom 6. März 1942 – und hier greifen wir der Zeit etwas vor – schreibt er seiner jüngeren Schwester:

„Das Elternhaus ist in gewisser Beziehung der ruhende Pol, um den Du Dich bewegst… Dort, wo Dich die meiste Liebe umgibt, fühlst Du Dich zuinnerst ganz allein und einsam. Aber erst dann, wenn Du in einer anderen Welt und Umgebung stehst, fühlst Du, wie sehr Du mit diesem Zuhause verwachsen bist. Bruchstellen aber bleiben immer, kein Ding ist fugenlos gebaut, es sei denn nicht von Menschenhand und mit Menschenkräften."[8]

Und als er später bei der Gestapo einen Lebenslauf verfassen muss, beschreibt Willi Graf sein Elternhaus mit den Worten:

„Mein Vater war korrekt und ehrlich in seinem Berufs- und Privatleben und hielt auch seine Kinder zu gleichem Benehmen an und griff mit Strenge durch, wenn ich mir irgendwie einen Fehler zuschulden kommen ließ. Das Verhältnis zu meiner Mutter war immer das allerherzlichste, denn sie umsorgte uns Kinder mit aller erdenklichen Liebe und versuchte immer wieder, uns eine Freude zu machen, etwa an Weihnachten oder am Namenstag und auch sonst zu irgendwelchen Anlässen. Wir Kinder vergalten diese Liebe mit kleinen Erweisen der Gegenliebe, wir halfen früh bei den Arbeiten im Haushalt und versuchten, dankbare Kinder zu sein. Früh wurde ich mit den Gebräuchen und dem Leben der katholischen Kirche vertraut

gemacht und die einzelnen Jahreszeiten waren erfüllt vom Geiste religiöser Vorstellungen, und auch das tägliche Leben richtete sich nach den Gebräuchen der Kirche: Gebet, Kirchgang usw. Die ersten Lebensjahre verbrachte ich in der Obhut einer guten und liebevollen Familie."[9]

Abb. 13: Von links: Mathilde, Mutter Anna, Willi, Vater Gerhard und Anneliese Graf (1938)

Alles in allem dürfen die Grafs wohl als ganz normale, rechtschaffene und anständige Familie bezeichnet werden. Die Kindheit von Willi Graf ist unauffällig und verläuft in geordneten Bahnen. So gesehen ist es eigentlich eher erstaunlich, dass aus ihr einmal ein Widerstandskämpfer hervorgehen wird.

2 Im „Bund Neudeutschland"

1929 nimmt für Willi Graf etwas Entscheidendes seinen Anfang, nämlich seine Zeit im „Bund Neudeutschland". Der Einfluss, den diese Zeit auf seine spätere Widerstandstätigkeit haben wird, darf keinesfalls unterschätzt werden.

Es existieren Anfang der 30er Jahre daneben noch mehrere andere katholische Jugendorganisationen, wie zum Beispiel den „Quickborn" und die „Sturmschar". Der „Bund Neudeutschland" steht nur männlichen Schülern von Oberschulen und Gymnasien offen. Nach seiner Gründung erlebte er zunächst einen raschen Aufstieg. 1920 erfolgte die Bildung einer Gruppe in Saarbrücken, 1928 schließlich einer weiteren Gruppe und zwar am Ludwigsgymnasium.

Die Zielsetzung des „Bundes Neudeutschland" lässt sich am besten aus dem sogenannten „Hirschberg-Programm" ersehen, das er sich 1923 auf Schloss Hirschberg im Altmühltal gab. „Neue Lebensgestaltung in Christus" lautet der Leitsatz, mit dem das Leben im Verband zusammengefasst werden könnte. Der Begriff „Neudeutschland" steht für die Gestaltung eines neuen und besseren Deutschland, aber immer auf Christus hin orientiert.

Dem „Bund Neudeutschland" geht es auch um die liturgische Erneuerung. Es wird die Gemeinschaftsmesse praktiziert, in der das Volk aktiv beteiligt ist und die den Gebrauch der deutschen Sprache zulässt. Dem Priester und Gelehrten Romano Guardini kommt bei dieser Entwicklung eine führende Rolle zu. Willi Graf bereitet Gemeinschaftsmessen immer wieder zusammen mit anderen vor. Damit sind die Jugendlichen ihrer Zeit weit voraus, denn die weltweite Umsetzung solcher Gedanken wird erst durch das II. Vatikanische Konzil ermöglicht.

Einen großen Teil der Aktivitäten nehmen gemeinsame Ausflüge und Lagerfahrten ein, auf denen die Jugendlichen zum Teil sogar andere Länder besuchen. Vielfach werden daneben aus einem reichen Repertoire Lieder gesungen, auch fremdländische, wie zum Beispiel aus Russland.

Es gibt übrigens in diesem Jugendbund ein kleines Orchester, in dem Willi Graf die Bratsche spielt.

Nachdem er in seiner Schulzeit nicht gerade als schlank bezeichnet werden kann, geben ihm seine Kameraden den ironisch gemeinten Spitznamen „Nurmi“, in Anlehnung an den finnischen Wunderläufer Paavo Nurmi, der als Leichtathlet in seiner Sportlerkarriere insgesamt neun Goldmedaillen erringt und 24 Weltrekorde erläuft.[1]

Der „Bund Neudeutschland“ bietet den Jugendlichen aber nicht nur Natur- und Gemeinschaftserlebnisse, sondern auch die Möglichkeit, außerhalb des Elternhauses eine gewisse Freiheit und Eigenständigkeit zu entwickeln, was sicherlich auch dazu beiträgt, selbstständig zu werden, eine eigene Meinung zu haben, diese zu äußern und bei Anfeindungen auch zu verteidigen. Dies gilt namentlich auch für Fragen des Glaubens.

Zahlreiche Einträge in seinem Tagebuch lassen jedenfalls erahnen, wie ernst Willi Graf die Freundschaft und die Arbeit im „Bund Neudeutschland“ nimmt.

3 Düstere Wolken ziehen auf

Um den weiteren Fortgang verstehen zu können, müssen wir uns ein wenig mit der Geschichte Deutschlands Anfang der 30er Jahre auseinandersetzen.

Der New Yorker Börsenkrach am 24. Oktober 1929 stellt den Beginn einer unvorstellbar schweren Weltwirtschaftskrise mit viel Not, Elend und Hunger dar. Die Zahl der Arbeitslosen steigt und steigt. Es ist kein Wunder, dass bei über 6 Millionen Arbeitslosen in Deutschland die radikalen Parteien einen auffallenden Zulauf verzeichnen. Not und Elend dürften vermutlich die Hauptgründe dafür sein, dass Hitler und seine Partei in dieser Zeit große Sympathien gewinnen.

Am 6. November 1932 geht die NSDAP mit 33,1 % der Stimmen als stärkste politische Kraft aus den Reichstagswahlen hervor.[1] Die Partei strahlt für ihre Wählerinnen und Wähler Zuversicht, Kraft und Dynamik aus. Adolf Hitler wirkt auf viele als starker Führer, dem sie am ehesten zutrauen, Deutschland aus seiner tiefen Krise zu führen.

Abb. 14: Adolf Hitler verlässt nach seiner Ernennung die Reichskanzlei.

Und so wird Adolf Hitler am 30. Januar 1933 zum Reichskanzler ernannt. Die Freude in der Bevölkerung scheint überwiegend groß zu sein. Noch ahnen die allermeisten nicht, wie das Ende einmal aussehen wird.

Sogleich nach der Machtübernahme beginnen die Nationalsozialisten, ihre Macht zu festigen und auszubauen. Eine willkommene Gelegenheit bietet dazu der Reichstagsbrand am 27. Februar 1933. Er ist nämlich für Hindenburg Anlass, bereits am Folgetag die „Verordnung des Reichspräsidenten zum Schutz von Volk und Staat“ zu erlassen. Durch sie erhält Hitler die Möglichkeit, Gegner zu verfolgen und zu unterdrücken.

Bei den Neuwahlen am 5. März 1933 erreicht die NSDAP schließlich 43,9 % der Stimmen.[2]

Gegen Andersdenkende wird indes rücksichtlos vorgegangen. Verhaftungen stehen an der Tagesordnung.

In Dachau entsteht der Prototyp des Konzentrationslagers. Allein hier finden über 40.000 Häftlinge den Tod.

Abb. 15: KZ Dachau

Am 23. März 1933 tagt der Reichstag in Berlin. Die Abgeordneten der anderen Parteien werden bedroht und eingeschüchtert. Abgestimmt wird über das „Gesetz zur Behebung der Not von Volk und Reich“, bekannt unter dem Namen „Ermächtigungsgesetz“, mit dem Hitler die Macht gegeben werden soll, vier Jahre lang ohne Beteiligung des Reichspräsidenten, des Reichsrats und des Reichstags Gesetze zu erlassen. Außer der SPD stimmen alle noch im Reichstag vertretenen Parteien dem Gesetz zu. Damit ist Adolf Hitler de facto absoluter Diktator.

Systematisch beginnt nun die komplette und radikale Umgestaltung der Gesellschaft nach nationalsozialistischen Vorstellungen.

Die NSDAP versucht, ihren Einfluss auf alle Bereiche der deutschen Gesellschaft auszudehnen. Besonders auf die Jugend hat es Hitler dabei abgesehen, denn er weiß genau, dass nur der die Zukunft besitzt, der die Jugend gewinnen kann. Die Hitlerjugend (HJ) und deren Unterabteilung, der Bund Deutscher Mädel (BDM), werden als Jugendgruppen der NSDAP auf- bzw. ausgebaut. Für die Jüngeren gibt es das Deutsche Jungvolk und die Jungmädel.

Abb. 16: Hitlerjungen mit Werbeschildern in Worms (1933)

Ziel ist es, Kinder und Jugendliche frühzeitig an die nationalsozialistische Ideologie und Politik heranzuführen. Je näher es auf 1939 zugeht, desto mehr wird durch die HJ und den BDM die deutsche Jugend auf den Krieg vorbereitet.

Willi Graf weigert sich all die Jahre, in die Hitlerjugend einzutreten. Diesen Mut haben zu dieser Zeit nur wenige Schüler, denn eine Weigerung zieht negative Konsequenzen nach sich. Gutes Zureden der Eltern und Lehrer erweist sich bei ihm ebenso als fruchtlos, wie die Drohung der Schule, nicht zum Abitur zugelassen zu werden. Unter rund 1.200 Schülern des Gymnasiums ist es nur ein Dutzend, das sich beharrlich weigert.

Nicht nur, dass Willi Graf die Hitlerjugend konsequent ablehnt, er streicht sogar in seinem Adressbuch jene „Kerle aus dem Fähnlein", die zur Hitlerjugend übergelaufen sind. An den Rand schreibt er jeweils: „Ist in der HJ." Willi Graf kennt in diesem Punkt keinerlei Kompromissbereitschaft und keine Toleranz. Hier zeigt sich früh in der Lebensgeschichte seine Überzeugungstreue und Entschiedenheit.

Noch genießt das Saarland eine Sonderstellung, denn es steht unter dem Mandat des Völkerbundes. Der Arm Hitlers hat darauf noch keinen Zugriff. Die Jugendgruppe von Willi Graf reist vom Saarland aus in dieser Zeit aber schon öfters ins Deutsche Reich ein und kommt somit auch mit den dortigen Repressalien der neuen Machthaber in Berührung. Helmut Gressung, ein Schulkamerad und späterer Priester, behält vor allem eine Fahrt nach Landau in der Pfalz in bleibender Erinnerung:

„Unsere Schulklasse machte einen Ausflug nach ‚dem Reich'. Das Ziel war Landau in der Pfalz. Willi und wir anderen vom Fähnlein der Neudeutschengruppe in der Klasse trugen Kluft und Ritterabzeichen. Wir hatten nicht vor, uns dem im Reich geltenden Verbot zu fügen. Noch waren wir frei. Plötzlich rempelt uns HJ an. Einer greift nach Willis Fahrtenhemd und reißt das Abzeichen PX weg. Da wird das immer frohe und lachende Gesicht Willis drohend: ‚Gib das raus… Gib das raus!' Er ballt die Fäuste. Der HJler zögert, schaut Willi an – und gibt dann das schwarz-silberne Abzeichen zurück und verschwindet wortlos. ‚Diese Bande', sagt Willi."[3]

Abb. 17: Pfarrer Helmut Gressung (letztes Passfoto)

Willi Graf und seinen Freunden im „Bund Neudeutschland" wird die zunehmend bedrohliche Situation für die katholische Jugendarbeit durchaus bewusst, ebenso den Verantwortlichen.

Am 17. Juni 1939 ernennt Adolf Hitler Baldur von Schirach zum Jugendführer des Deutschen Reiches. Als erste Amtshandlung löst von Schirach den Großdeutschen Jugendbund mit seinen Teilgruppierungen auf. Anfang 1934 sind die evangelischen Jugendverbände gleichgeschaltet. Nunmehr existieren nur noch die katholischen Jugendverbände. Ihnen steht im Moment noch Artikel 31 des Reichskonkordats vom 20. Juli 1933 als Schutz zur Seite, aber die Nationalsozialisten lassen keinen Zweifel aufkommen, dass die HJ und der BMD die alleinigen Jugendorganisationen im Deutschen Reich werden sollen.

Artikel 31

Diejenigen katholischen Organisationen und Verbände, die ausschließlich religiösen, rein kulturellen und karitativen Zwecken dienen und als solche der kirchlichen Behörde unterstellt sind, werden in ihren Einrichtungen und in ihrer Tätigkeit geschützt.

Diejenigen katholischen Organisationen, die außer religiösen, kulturellen oder karitativen Zwecken auch anderen, darunter auch sozialen oder berufsständischen Aufgaben dienen, sollen, unbeschadet einer etwaigen Einordnung in staatliche Verbände, den Schutz des Artikel 31 Absatz 1 genießen, sofern sie Gewähr dafür bieten, ihre Tätigkeit außerhalb jeder politischen Partei zu entfalten.

Abb. 18: Art. 31 des Reichskonkordats vom 20. Juli 1933

Die Situation eskaliert immer mehr. Willi Graf notiert am 9. September 1933 in sein Tagebuch:

„Es muss unbedingt eine Entscheidung kommen zwischen Bund und Hitler-Jugend.“[4]

Aus den Einträgen im Tagebuch spiegelt sich bereits 1933 die Entschlossenheit Willi Grafs wider, sich mit den neuen Zuständen und der Hitlerjugend nicht anzufreunden und keine faulen Kompromisse einzugehen. Kraft schöpft er auch aus dem Jakobusbrief (Jak 1,22): „Seid Gefolgschaft in der Tat, nicht nur im Hören des Wortes.“

4 Im „Grauen Orden" und Abitur

Ende 1934 lernt Willi Graf den vier Jahre älteren Fritz Leist kennen, mit dem sich eine intensive Freundschaft entwickelt. Er ist ein Schüler von Romano Guardini.

Weil sich einige Führungspersönlichkeiten und auch Mitglieder des „Bundes Neudeutschland" nicht weit genug vom Nationalsozialismus distanzieren, sucht Willi Graf immer mehr die Nähe zu dem von Fritz Leist geleiteten „Grauen Orden", der bereits an Ostern 1934 ins Leben gerufen wurde. Er setzt sich hauptsächlich aus ehemaligen Mitgliedern der „Deutschmeister-Jungenschaft" und dem „Bund Neudeutschland" zusammen.

Da Art. 49 Abs. 2 des Versailler Vertrages[1] bezüglich des Saarlandes regelt, dass nach Ablauf einer Frist von 15 Jahren nach Inkrafttreten des gegenwärtigen Vertrages die Bevölkerung dieses Gebietes zu einer Äußerung darüber berufen wird, unter welche Souveränität sie zu treten wünscht, kommt es am 13. Januar 1935 zum Volksentscheid. Über 90 % der abgegebenen Stimmen votieren für den Anschluss an Deutschland. Ab 1. März 1935 gehört das Saarland zum Deutschen Reich mit allen dazugehörenden Konsequenzen für die Jugendarbeit.

Helmut Gressung berichtet von einer großen Veranstaltung nach der Rückgliederung des Saarlandes 1935:

„Rückgliederung der Saar 1935: Vorbeimarsch aller Formationen an dem ‚Stellvertreter des Führers' auf dem Rathausplatz.

Die Bünde der Katholischen Jugend versucht man, aus dem Zug auszumanövrieren. Wir zwängen uns irgendwo unterwegs einfach zwischen die braunen Kolonnen. Voraus unser Christusbanner der Neudeutschen Gruppe Saarbrücken. Heß hebt den Arm zur Ehrenbezeigung vor ihnen. Willi bemerkt: ‚Hast du gesehen, was der für ein Gesicht gemacht hat? Der hat sich geärgert.'"[2]

Im „Grauen Orden" wird im Grundsatz die bündische Arbeit fortgesetzt. Auch wenn es sich um eine außerkirchliche Gruppierung handelt, spielen in ihm Fragen des christlichen Glaubens trotzdem eine zentrale Rolle. Auch eine liturgische Erneuerung erfährt dort eine intensive Diskussion. Höhepunkt sind wiederum die großen Fahrten.

Abb. 19: Fahrt mit dem „Grauen Orden" nach Montenegro 1936 (Willi Graf 3. von rechts)

Willi Graf bleibt zwar noch bis zur Auflösung des „Bundes Neudeutschland" im Herbst 1936 dessen Mitglied und beteiligt sich bis Frühjahr 1936 auch an dessen Aktivitäten, engagiert sich aber gleichzeitig ab 1934 im Leben des „Grauen

Ordens". Willi Graf spürt, dass der „Bund Neudeutschland" für ihn auf Dauer keine Heimat mehr bleiben kann.

Damit vollzieht Willi Graf quasi den ersten Schritt in die Untergrundarbeit und in die Illegalität. Aufschlussreich ist die Erinnerung seiner Schwester Anneliese in einem Nachkriegsinterview:

„Das war ein Verband, der nicht so betont katholisch war, denn es konnten auch evangelische junge Männer in diesen Verband gehen. Frauen waren nicht zugelassen, denn das war ein reiner Männerbund. Das war natürlich ein Geheimbund, der strengstens verboten war. Alle katholischen und evangelischen Jugendbünde waren ja verboten worden. Der sogenannte ‚Graue Orden' – er nannte sich selbst so, weil er sich quasi ‚grau' tarnen musste, wie mir Freunde später erzählt haben – war also ein Geheimbund, der von den Nationalsozialisten argwöhnisch betrachtet wurde. Meine Eltern wussten nicht viel davon, denn Willi war ein großer Schweiger."[3]

Bei realistischer Betrachtung ist es eigentlich nur eine Frage der Zeit, bis Willi Graf wegen seiner politischen Haltung und seiner Tätigkeit im „Grauen Orden" Schwierigkeiten mit der Gestapo bekommen wird.

Aber sein Abitur kann er dennoch am 1. Februar 1937 ablegen, was nach der geschilderten Vorgeschichte durchaus keine Selbstverständlichkeit ist.

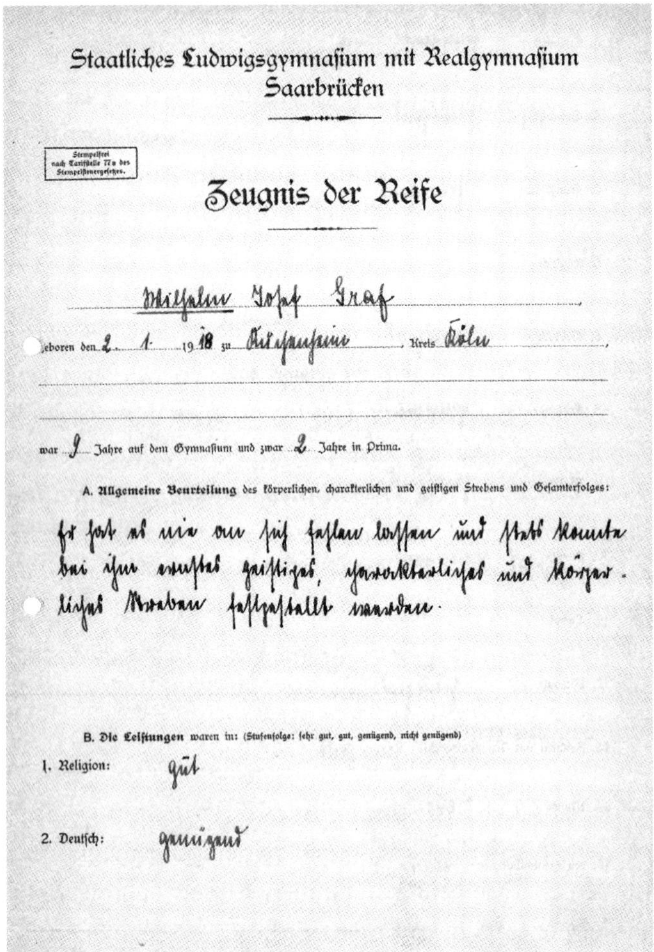

Staatliches Ludwigsgymnasium mit Realgymnasium
Saarbrücken

Stempelfrei nach Tarifstelle 77a des Stempelsteuergesetzes.

Zeugnis der Reife

Wilhelm [illegible] Josef Graf

geboren den 2. 1. 1918 zu [illegible], Kreis Köln

war 9 Jahre auf dem Gymnasium und zwar 2 Jahre in Prima.

A. Allgemeine Beurteilung des körperlichen, charakterlichen und geistigen Strebens und Gesamterfolges:

Er hat es nie an sich fehlen lassen und stets konnte bei ihm ernstes geistiges, charakterliches und körperliches Streben festgestellt werden.

B. Die Leistungen waren in: (Stufenfolge: sehr gut, gut, genügend, nicht genügend)

1. Religion: gut

2. Deutsch: genügend

In der allgemeinen Beurteilung (Buchst. A. des Abiturzeugnisses) heißt es:

„Er hat es nie an sich fehlen lassen und stets konnte bei ihm ein ernstes geistiges, charakterliches und körperliches Streben festgestellt werden."

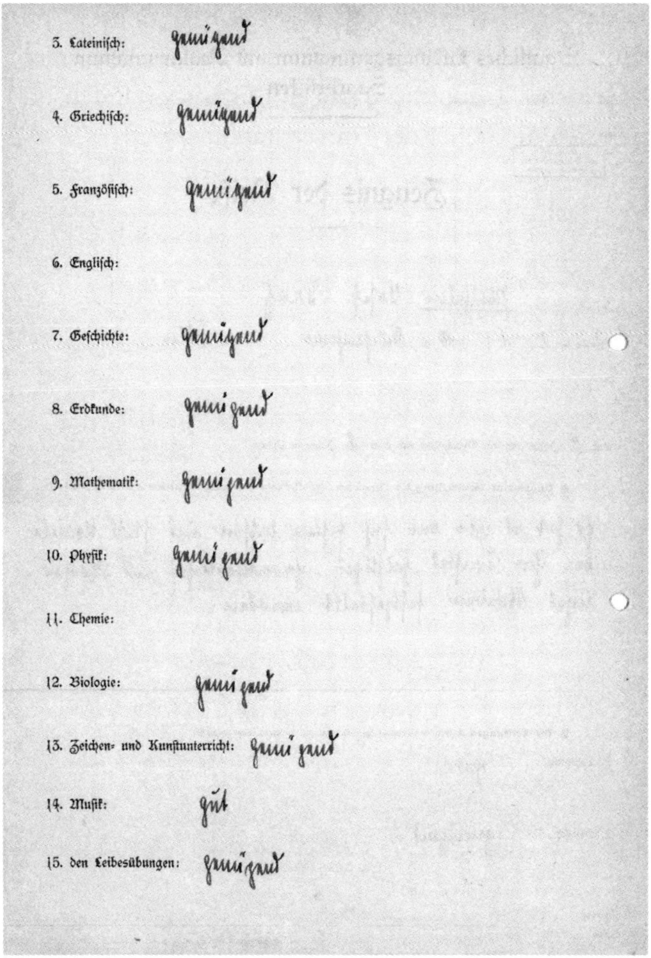

3. Lateinisch: genügend

4. Griechisch: genügend

5. Französisch: genügend

6. Englisch:

7. Geschichte: genügend

8. Erdkunde: genügend

9. Mathematik: genügend

10. Physik: genügend

11. Chemie:

12. Biologie: genügend

13. Zeichen- und Kunstunterricht: genügend

14. Musik: gut

15. den Leibesübungen: genügend

Um den Erfolg zu beurteilen, ist ein Vergleich mit den Noten aus den Vorzeugnissen von Willi Graf und der anderen Schüler aufschlussreich. Diese liegen alle ziemlich nahe beieinander. Es gibt weder Ausreißer nach oben, noch nach unten. Insofern hat Willi Graf seine Schulzeit wohl mit einem ganz normalen Abitur abgeschlossen. Mit mehr Fleiß wäre das Zeugnis möglicherweise noch etwas besser ausgefallen, aber andererseits ist zu jener Zeit das „Wie“ nicht so entscheidend: Hauptsache das Abitur ist bestanden und es öffnen sich die Türen der Universitäten.

16. Handschrift genügend.

Er hat an einer mathematischen Arbeitsgemeinschaft teilgenommen.

Er hat die Reifeprüfung bestanden

Der unterzeichnete Prüfungsleiter hat ihm nach Beratung mit den Mitgliedern des Prüfungsausschusses

das Zeugnis der Reife

zuerkannt.

Wilhelm Josef Graf (Name) will Medizin studieren.

Saarbrücken, den 1. Februar 1937.

Staatlicher Prüfungsausschuß:

Prüfungsleiter

(Siegel des Staatlichen Kommissars)

(Siegel der Schule)

Studienrat, als Anstaltsleiter

Studienrat

Abb. 20 bis 22: Abiturzeugnis von Willi Graf

Interessant und zugleich auffällig ist neben den Noten fernerhin die Beurteilung der Prüfungskommission:

G r a f Wilhelm

Ein Schüler, der genügend begabt und ernst veranlagt ist. Er hat stetig gearbeitet, sodass seine Zeugnisse nur wenige Lücken aufweisen. Um sein Wissen zu erweitern, hat er eifrig Bücher, vor allem geschichtlichen Inhalts, gelesen. Seine Leistungen in den Leibesübungen sind ausreichend. Zur HJ gehörte er nicht. Er war früher Führer in ND. und glaubte, es vor sich selbst nicht verantworten zu können, wenn er in die HJ eintrete, bevor die Eingliederung der früheren Jugendverbände in die Staatsjugend durch eine Regierungsverordnung, die in Aussicht stehe, endgültig geregelt sei. Er hat die Absicht, Medizin zu studieren.

Abb. 23: Beurteilung der Prüfungskommission im Abiturzeugnis von Willi Graf

Nationalsozialistische Gehässigkeit strahlt aus dieser Beurteilung nicht heraus, im Gegenteil, eher darf ein gewisses Wohlwollen der Prüfungskommission gegenüber Willi Graf angenommen werden. Sie hätte bei entsprechender nationalsozialistischer Gesinnung der Prüfer durchaus auch anders ausfallen können.

Was sein Sozialverhalten während der Schulzeit anbelangt, schreibt Helmut Gressung an den Autor:

„Er war der damaligen Zeit entsprechend – und auch weil er katholisch war – Lehrern und Mitschülern gegenüber respektvoll. Er hat auch Mitschüler, die sich verfehlt haben, im Sprechen zurechtgewiesen und sie korrigiert… Er war ein allseits anerkannter Mitschüler, intelligent, fleißig und er konnte auch von Herzen lachen. Die Lehrer begegneten Willi Graf auch respektvoll.“[4]

5 Reichsarbeitsdienst

Nach seinem Abitur lässt der Studienbeginn noch auf sich warten. Die nationalsozialistische Reichsregierung hatte nämlich bereits am 26. Juni 1935 das Reichsarbeitsdienstgesetz erlassen. Danach sind alle jungen Männer und Frauen zwischen der Vollendung des 18. und 25. Lebensjahres verpflichtet, ein halbes Jahr in einem sogenannten Reichsarbeitsdienst gemeinnützige Arbeit zu leisten. Ziel des Gesetzes ist es, die deutsche Jugend im Geiste des Nationalsozialismus zur Volksgemeinschaft und zur wahren Arbeitsauffassung, vor allem zur gebührenden Achtung der Handarbeit zu erziehen.[1] Es liegt auf der Hand, dass damit auch die Arbeitslosigkeit gesenkt werden sollte.

Seinen Dienst muss Willi Graf im April 1937 in Dillingen/Saar antreten. Dort befindet sich das Reichsarbeitsdienstlager 5/323, das den Namen „Irminsul“ trägt.

Abb. 24: Reichsarbeitsdienstlager in Dillingen/Saar

Zur selben Zeit leistet mit ihm auch Helmut Gressung seinen Reichsarbeitsdienst im Lager ab, der uns mit seinen Erinnerungen einen guten Einblick in die Lagerarbeit vermitteln kann:

„Die Arbeit war wohl körperlich anstrengend, aber eintönig und sinnlos: Es wurden vor allem Begradigungen an dem Flüsschen Prims vorgenommen, die kaum Sinn hatten und auch nicht lange hielten… Als solche, die mit ihrem katholischen Glauben nicht hinter dem Berg hielten, waren wir manchen Schikanen ausgesetzt. Man bemühte sich, sonntagvormittags, wenn wir in die Kirche wollten, Dienst anzusetzen, der uns daran hindern sollte. Willi Graf und unsere kleine katholische Gruppe sprachen bei dem Lagerleiter vor und blieben so lange bei unserer Forderung, zum Besuch des Gottesdienstes das Lager verlassen zu dürfen, bis der Lagerleiter verärgert und entnervt erklärte, dann sollten wir halt gehen."[2]

Zweifelsfrei geht aus diesen Erinnerungen hervor, dass Helmut Gressung und wohl auch Willi Graf den Reichsarbeitsdienst als stumpfsinnige Zeit wahrnehmen, der einen letztendlich nur im beruflichen und persönlichen Fortkommen hindert, genauso werden aber auch die Repressalien deutlich, denen die jungen Christen durch die Nationalsozialisten in immer stärkerem Maße ausgesetzt sind. So ersehnt Willi Graf das Ende des Reichsarbeitsdienstes im Oktober 1937 von Monat zu Monat mehr herbei.

6 Studium in Bonn

Im Anschluss an den Reichsarbeitsdienst entschließt sich Willi Graf, Medizin zu studieren. Eine innere Berufung, Arzt zu werden, spürt er indes kaum. Vielmehr entscheidet er sich für dieses Studium, weil es noch nicht so wie andere Studien mit nationalsozialistischem Gedankengut befrachtet ist.

Sein Studium beginnt er im Wintersemester 1937/38 an der Universität in Bonn. In der Stadt kann er kostengünstig bei Verwandten wohnen und zwar Am Botanischen Garten 2.

Abb. 25: Luftbild Bonner Innenstadt mit Universitätshauptgebäude und Hofgarten (Aufnahme vom 18. Oktober 1938)

Während seines Aufenthaltes knüpft er nicht nur neue Kontakte und trifft auch alte Bekannte wieder, sondern hier lernt er vor allem Marianne Thoeren kennen.

Abb. 26: Marianne Thoeren als Studentin

Deren Tochter, Frau Dr. Ulrike Schauseil-Zipf in Köln, weiß dazu zu berichten:

„Meine Mutter ist am 31.08.1919 geboren. Nach ihrem Abitur studierte sie in Bonn Zahnmedizin. An der dortigen Universität hatte sich ein Freundeskreis aus Studentinnen und Studenten gebildet, die dem Nationalsozialismus ablehnend gegenüberstanden und sich über eine Vielzahl von Themen austauschten.

In diesem Freundeskreis lernte meine Mutter auch Willi Graf kennen und als Freund schätzen… Aus der Freundschaft zwischen meiner Mutter und Willi Graf gingen auch eine ganze Reihe von gegenseitigen Briefen hervor… Ich erinnere mich an diese Briefe mit ihrer charakteristischen Schrift, die meine Mutter als Erinnerung an ihn aufbewahrte…“[1]

7 Erstmals in den Fängen der Gestapo

Anfang 1938 kommt die Gestapo einigen Gruppen des „Grauen Ordens“ auf die Spur. In der Folge werden über 30 junge Leute verhaftet und in Untersuchungshaft genommen, so auch Willi Graf.

Am 21. April 1938 unterschreibt Oberstaatsanwalt Dr. Steiner die Anklageschrift an das Landgericht Mannheim, das in diesem Fall als sogenanntes Sondergericht fungiert. Angeklagt sind Willi Graf und eine ganze Reihe von anderen, wie etwa Fritz Leist und Günther Schmich.

Willi Graf wird die Teilnahme an Fahrten und Lagern vorgeworfen. Hierzu heißt es in der Anklageschrift:

„Der Angeschuldigte Graf war bis 1936 Mitglied des „Bundes Neudeutschland“ in Saarbrücken. Weihnachten 1934 hatte er Leist kennen gelernt und schloss sich dessen Kreis an.
Graf hat sich an folgenden Fahrten und Lagern beteiligt:

1. *Italienfahrt im Sommer 1935*
2. *Lager in Himmerod 1935/36*
3. *Lager in St. Peter Ostern 1936*
4. *Lager in Haslach im Kinzigthal Pfingsten 1936,*
5. *Balkanfahrt im Sommer 1936,*
6. *Winterlager auf dem Breuberg 1936/37,*
7. *Lager in Königshofen Ostern1937. Bl. 17ff II…“*

Abb. 27: Willi Graf auf einer Wanderung (1936)

Letztendlich kommt es zu einer Einstellung des Verfahrens, denn Hitler erlässt wegen des Anschlusses Österreichs an das Deutsche Reich eine Amnestie, unter die auch Willi Graf fällt. Dazu Anneliese Knoop-Graf:

„Ja, ich kann mich deshalb an diese Zeit gut erinnern, weil unsere ältere Schwester dabei gewesen ist, als er verhaftet wurde... Das war im November 1938. Verhaftet wurde er wegen „bündischer Umtriebe". Denn diese geheimen Treffen dieser jungen Menschen, die sich im sogenannten „Grauen Orden" zusammenfanden, waren den Nationalsozialisten natürlich suspekt, das ist klar, zumal alle diese jungen Leute auch nicht in der Hitlerjugend waren. So wurde er also zunächst einmal in Untersuchungshaft gebracht, aber in der Euphorie über den Anschluss Österreichs wurde diese Gruppe dann amnestiert."[1]

Das Elternhaus reagiert sehr befremdet und besorgt auf die Verhaftung. Mit dem Gefühl, den Sohn im Gefängnis zu wissen, können sich die Eltern überhaupt nicht anfreunden. Aber bei seinen Schwestern ist das anders. Sie sind irgendwie stolz auf ihren Bruder, wie Anneliese Knoop-Graf erzählt:

Abb. 28: Anneliese (Knoop-) Graf als Studentin

„Jedenfalls hatte das erst einmal zur Folge, dass Willi aus der Untersuchungshaft entlassen wurde – natürlich zur großen Erleichterung meiner Eltern, die in der Tatsache, dass ihr Sohn verhaftet worden war, ein ganz großes Unglück gesehen haben. Sie wussten da noch nicht, was ihnen in dieser Richtung alles noch bevorstand. Ich weiß noch ganz genau, dass meine Schwester und ich irgendwie stolz darauf waren, dass unser Bruder so kühn bei seiner eigenen Meinung geblieben war. Denn das war in unserer Familie eigentlich nicht üblich gewesen. Die Parole lautete dort vielmehr: ‚Anpassen! Mund halten!' Aber Willi passte sich nicht an. Er hielt zwar innerhalb der Familie seinen Mund, aber im Freundeskreis war er bereits sehr führend tätig zu diesem Zeitpunkt. Interessant ist, dass keiner von denen, die damals mit ihm verhaftet worden sind und die in der Anklageschrift von 1938 auch alle mit Namen aufgeführt sind, später im Zusammenhang mit der ‚Weißen Rose' von der Gestapo vernommen worden ist. Das ist denen irgendwie entgangen. Gott sei Dank."[2]

8 Militärdienst und erster Fronteinsatz

In seine Bonner Zeit fällt der Beginn des Zweiten Weltkrieges am 1. September 1939.

Ende September 1939 setzt Willi Graf sein Studium an der Ludwig-Maximilians-Universität in München fort bis zu seiner Einberufung zum Militär. Warum er einen Wechsel nach München vornimmt, ist nicht ganz geklärt. Die Begründung, die sich vielfach in der Literatur findet, dass die Universität in Bonn kurz nach Kriegsbeginn ihre Pforten schließt, ist jedenfalls nach Mitteilung der Universität an den Autor nicht zutreffend.

Es bleibt im Zuge des Kriegsausbruches nicht aus, dass Willi Graf im Januar 1940 zur Wehrmacht eingezogen wird. Zunächst erhält er eine Grundausbildung als Sanitäter. Im Februar erfolgt die Zuteilung zu einer Krankentransportabteilung in Wildbad im Schwarzwald.

Abb. 29: Willi Graf in Wildbad (1940)

Nach dem völkerrechtswidrigen Überfall Hitlers auf die Niederlande und auf Belgien, beginnt am 5. Juni 1940 mit dem sogenannten „Fall Rot“ die damals so bezeichnete „Schlacht um Frankreich“. Schon nach kurzer Zeit ist das Nachbarland in einem Blitzkrieg besiegt.

Im September 1940 folgt der erste Fronteinsatz für Willi Graf und zwar an der Kanalküste Nordfrankreichs in der Nähe von Calais. Der Brief, den er von dort aus am 11. Oktober 1940 an Günther Schmich schreibt, klingt keineswegs nach nennenswerten Schwierigkeiten:

„Ich habe einen sehr schönen Platz gefunden, fast kann ich behaupten, daß er in jeder Beziehung ordentlich ist. Ziemlich selbständig versorge ich den sanitären Dienst einer Pionier-Einheit und wohne auch in einer herrlichen Gegend: Eine Villa mit einem kleinen Waldsee. Den Tag kann ich mir einrichten, wie es mir gefällt, finde also reichliche Zeit zu Dingen, welche mich selbst angehen.“[1]

Von der französischen Kanalküste aus führt ihn der Krieg anschließend für zwei Wochen nach Flandern in Belgien, bevor es wieder zurück nach Frankreich geht. Auch diese Abschnitte erweisen sich als wenig ereignisreich.

Nach einem Intermezzo in Slowenien und Kroatien im April 1941 kommt Willi Graf zum Einsatz an die Ostfront. Hier ändert sich seine Situation in mancherlei Hinsicht. Aus Polen schreibt er am 8. Mai 1941 an seine Schwester Anneliese, die in München den Englischen Garten genießen darf, voller Sehnsucht:

„Ich sitze aber in diesem scheußlichen Osten und verbringe so meine Tage im allgemeinen Gewurschtel. Immer noch ist ein gutes Teil Winter hier, zum Beispiel heute am Morgen schneite es mal wieder. Quartierort ist ein kleines polnisches Dorf, schmutzig und verwahrlost. Die Gegend ist eintönig und langweilig, zum Teil wohl durch das schlechte Wetter und seine Nässe in dieser Stimmung verstärkt. (…). Lieber wäre ich schon nach dem Süden, vor allem nach Griechenland gekommen. So aber wurden wir mit südlicher Erde gereizt, um dann sehr rasch von dort wieder wegzuziehen und gegen dieses blöde Land einzutauschen."[2]

Diese Worte klingen schon sehr nach Frontmüdigkeit und Verdruss. Offenbar vermisst Willi Graf das niveauvolle und anregende Gespräch mit Gleichgesinnten. In der Freiheit der Gedanken, mit Freunden zusammen, in die unerforschten Tiefen der menschlichen Existenz einzutauchen und vorzudringen, das ist es, was ihn antreibt und glücklich macht. Aber genau das muss er insbesondere an der Front entbehren.

Am meisten bleibt ihm wohl sein Aufenthalt in der polnischen Hauptstadt Warschau in Erinnerung, wo er hautnah das ganze Elend miterlebt. An eine Bekannte aus Bonn, Marita Herfeldt, berichtet er darüber in einem Brief vom 12. Juni 1941:

„Sehr viel Elend muß man hier anschauen, weil überall etwas davon zu finden ist. Gerade in Warschau stößt man bei jeder Gelegenheit darauf. Es ist eigentlich unvorstellbar, daß es dies gibt. Ich hätte mir das nie gedacht, einfach nicht denken können."[3]

Willi Graf trifft in der polnischen Hauptstadt auch auf das „Warschauer Ghetto", über das im Kapitel „Erlebnisse an der Ostfront" noch ausführlich zu sprechen sein wird.

Am 22. Juni 1941 startet Hitler das „Unternehmen Barbarossa" und überfällt die Sowjetunion ohne vorherige Kriegserklärung. Willi Graf selbst wird von diesem Angriff Hitlers überrascht, wie er in einem Brief an Günther Schmich vom 24. Juli 1941 verdeutlicht:

„Bis zur letzten Stunde wollte ich noch nicht an diesen Krieg glauben, obwohl hier im Osten doch alle Zeichen es sichtbar machten, erst beim ersten Schuß in der Frühe des 22. VI. lagen dann die Dinge klar. Es begann ein Krieg, für den ich keine Vergleiche habe, dazu eben in diesem Land, das uns doch immer ein Rätsel geblieben."[4]

Deutschland handelt mit diesem Überfall auf die Sowjetunion nicht nur erneut völkerrechtswidrig, sondern bricht auch den am 24. August 1939 geschlossenen deutsch-sowjetischen Nichtangriffspakt. Es zeigt sich, dass Hitler Verträge schließt und sie bricht, wann immer es ihm opportun erscheint. Wie schon beim Krieg gegen Polen geht es um Gewinnung von Lebensraum im Osten unter gleichzeitiger Versklavung der überfallenen Völker.

121 deutsche Divisionen brechen in das riesige Land ein. Innerhalb von drei Monaten soll mit einem Blitzkrieg alles erledigt sein, jedenfalls noch vor Einbruch des Winters. Aber der Krieg gegen die Sowjetunion verläuft nicht wie geplant.

Willi Graf ist seit dem 22. Juni 1941 auf sowjetischem Gebiet stationiert. Er erlebt also den Überfall und die Schrecken des Vernichtungskrieges hautnah.

Es dauert nicht nur drei, sondern sechs Monate, bis die deutschen Truppen in die Nähe von Moskau vordringen können.

Die einsetzenden ergiebigen Regenfälle im Herbst machen den deutschen Soldaten extrem zu schaffen. Außerdem setzt bereits Mitte November Frost ein. Für einen Wintereinsatz sind die deutschen Truppen überhaupt nicht ausgerüstet, wohl aber die russischen. Hinzu kommen enorme Probleme mit dem Nachschub.

Abb. 30: Sowjetunion – Infanterie-Soldaten ziehen Auto aus dem Schlamm (November 1941).

Am 8. Dezember 1941 erklärt Japan den USA und Großbritannien den Krieg. Nur drei Tage später erfolgt auch die deutsche Kriegserklärung an die USA.

In Russland muss Willi Graf die Räumung eines Dorfes miterleben, die ihm sehr zu Herzen geht. Dort wohnt ein russisches Mädchen, das er in seinen Tagebuchaufzeichnungen nur Katja nennt. So schreibt er am 25. November 1941 in sein Tagebuch:

„das mädchen katja. man möchte hüten und beschützen. doch es bleibt nur das anschauen…"[5]

Das junge Mädchen scheint auf ihn eine ziemliche Ausstrahlung gehabt zu haben. Es ist ein Kontrastprogramm: Katja verkörpert überströmendes Leben und Anmut inmitten eines Meeres von unsäglichem Leid und Tod. Offensichtlich passt sie so gar nicht in diese Welt.

Am 3. Januar 1942 müssen die Bewohner ihr Dorf verlassen. Die Tagebucheinträge vom 3. und 4. Januar lassen die Gefühle erahnen, die Willi Graf dabei überkommen:

„das dorf muß von den bewohnern geräumt werden. es ist schwer, das arme tun der menschen anschauen zu müssen… gegen mittag feldgendarmerie, tränen überall. Man kann es kaum mit ansehen, es wird tatsächlich ein abschied… heftige diskussionen im anschluß, und das ist häßlich. Hier lassen sich keine worte finden."[6]

Es spricht sehr für ihn, dass er als Soldat sein Mitgefühl mit anderen Menschen in keiner Weise verloren hat. Das unterscheidet ihn wohltuend von vielen anderen seiner Kameraden, die Polen und Russen eher wie Vieh behandeln. Sein Tagebucheintrag vom 5. Januar 1942 lässt sein menschliches und christliches Wesen durchschimmern, wenn er schreibt:

„… daß mir immer in meinen gedanken das schicksal dieser menschen liegt? Bin ich tatsächlich wehleidig oder zu weich?“

Nein, Willi Graf ist nicht zu weich oder wehleidig, vielmehr sind viele Nationalsozialisten keine Menschen mehr, sondern Bestien, die eine humane Orientierung vollkommen verloren haben.

Wie sehr ihm die Ereignisse in Russland innerlich zusetzten, lässt sich auch aus einem Brief vom 1. Februar 1942 an seine Schwester Anneliese ersehen:

„Seit meinem letzten Brief an Dich hat sich manches Bewegte zugetragen, ich wünschte, ich hätte das nicht sehen müssen, was ich alles in dieser Zeit mit anschauen mußte. Doch so etwas darf man sich nicht wünschen, denn schließlich hat alles Erlebte seinen Sinn, das wir ertragen müssen… Der Krieg gerade hier im Osten führt mich an Dinge, die neuartig und fremd wie nichts bisher Bekanntes sind. Und das muß man alles verarbeiten, obwohl kaum jemand da ist, mit dem man darüber reden könnte. Später erst soll man davon erzählen. Vielleicht hast Du daheim schon einzelne Berichte vernommen, über die Du ungläubig den Kopf schütteln konntest. Vieles wird Dir unmöglich erscheinen.“[7]

So deutlich hat sich Willi Graf bislang kaum geäußert. Dabei ist zu bedenken, dass er wohl gerne noch mehr mitgeteilt hätte, aber der Inhalt des Briefes war wegen der Briefzensur jetzt schon mehr als gefährlich.

Die Erlebnisse an der Ostfront prägen den jungen Studenten. In diesem Punkt ist er seinen Freunden in der „Weißen Rose“ voraus. Sie haben zwar teilweise inzwischen auch Fronterfahrung, aber sie haben das alles noch nicht live miterlebt, was an der Ostfront an deutschen Verbrechen geschieht. Willi Graf hingegen sehr wohl.

Es darf als sicher gelten, dass sein Aufenthalt an der Kriegsfront zur Bildung des späteren Widerstandswillens gegen die Nationalsozialisten durchaus einen deutlichen Impuls erhält.

9 Studium in München und Zusammenfinden der sechs Freunde

Am 7. April 1942 erreicht Willi Graf von der Ostfront über Berlin kommend morgens um 6.30 Uhr den Hauptbahnhof München. Es herrscht strahlender Sonnenschein.

Es fällt ihm nicht leicht, sich wieder in einer Großstadt zurechtzufinden, die noch nicht von Bomben heimgesucht wurde. Innerlich befindet er sich noch halb an der Front und die Erlebnisse arbeiten immer noch in ihm nach, so in einem Brief vom 28. Mai 1942:

„Es stimmt also, wenn Du feststellst, daß ich durch Eindrücke sehr leicht zu verletzen sei. Die Sinne sind vielleicht auch empfindlicher geworden während der vergangenen Jahre, so daß schon kleine Reize spürbar werden. Das ist etwas ganz anderes als eine sogenannte Nervosität, zu der ich vermutlich gar nicht neige, weil ich doch wohl irgendwie „unverwüstlich" bin – was mir übrigens schon oft geholfen hat, viele Dinge nicht so schwer tragen zu müssen, wie es an sich wohl möglich sein könnte... Aber gerade in diesen Wochen habe ich mich sehr oft gefragt, in welcher Beziehung diese zurückliegende Zeit mich selber verändert hat, denn das hat sie zweifellos..."[1]

Die Ostfront hat Willi Graf in seinem Wesen verändert, wie stark, das weiß nicht einmal er selbst genau.

Während der Zeit in München beschäftigt sich Willi Graf intensiv mit religiösen Fragen. Von Jugend auf hatte er seinen Glauben vertieft und sicherlich mit seinem Herrgott auch manchmal gerungen. Es ist erstaunlich, wie weit sein Wesen in diesem Punkt in seinem Alter schon gereift ist. Gerade mit seiner Schwester Anneliese, die er als großer starker Bruder zu gerne trotz aller geschwisterlichen Liebe zu leiten und zuweilen in Einzelpunkten auch zu kritisieren versucht, kommt es immer wieder zu kontroversen Diskussionen um den Glauben. Allerdings trachtet er dabei nie danach, ihr selbst etwas vorzuschreiben, ganz im Gegenteil, wie seine Schwester selbst bezeugt:

„Auch über religiöse Fragen! Ich begann nämlich damals an meiner katholischen Erziehung und den Parolen, die dort ausgegeben wurden, zu zweifeln. Er hielt sich an seinem katholischen Glauben fest, aber er tat das in einer freien Art; diese freie Art ist mir damals überhaupt nicht vertraut gewesen. Das habe ich alles erst durch meinen Bruder gelernt. Er hat mir nämlich z. B. ganz eindringlich geschrieben: „Du musst zuerst alle Religionen überprüfen, um zu erkennen, welche die richtige für dich ist!" Das war übrigens ein hoher Anspruch an eine 20-jährige junge Studentin. Aber er war eben jemand, der wusste, wo sein Weg ist. Und er hoffte, dass ich mit ihm diesen Weg im religiösen Bereich gehen werde. Diese Briefe, die eben auch Wichtiges über unsere Beziehung im religiösen Bereich aussagten, sind daher wirklich maßgebend gewesen für mich. Er war jemand, der sehr nach innen gerichtet war, und ich war jemand, die sehr nach außen gerichtet war, wenn ich das jetzt mal so pauschal über die Unterschiede zwischen uns beiden Geschwistern sagen darf. Er hat wirklich versucht – und vielleicht ist ihm das auch gelungen – mich mit seinen Gedanken vertraut zu machen, ohne mich dabei zu zwingen, wie ich das aufgrund meiner religiösen Erziehung hätte erwarten kön-

nen. So ein wichtiger Satz in einem der Briefe war z. B., dass er mir gesagt hat: „So sieht mein Weg aus. Das ist dein Weg bzw. kann deiner sein. Aber bitte entscheide du ganz allein!" Willi hat mich also im Gegensatz zu unseren Eltern dazu gebracht, freie Entscheidungen zu treffen. Ich weiß nicht, ob man heutigen Jugendlichen noch klar machen kann, was es damals bedeutet hat, wenn ein Bruder seiner Schwester einen Weg zeigt, wie sie – bei aller Bindung an religiöse Fragen – ihre Freiheit behalten kann. Ich glaube, das ist mir wirklich geblieben von ihm."[2]

Es lohnt sich auf jeden Fall, noch eine größere Textpassage aus einem Brief vom 6. Juni 1942 an Anneliese Graf zu lesen:

„Wenn Du das Leben anderer Menschen betrachtest, wirst Du feststellen und sehen, daß immer einmal irgendwo Wendepunkte auftauchen – und oft sind es die Probleme des religiösen Bereiches, die ganz entscheidend sind, wie die Zukunft gelebt wird. Diese Zweifel sind nicht mit kleinen Handbewegungen zu klären – es vergehen meist Jahre darüber, ehe überhaupt Klarheit geschaffen wird, und ich habe oft erlebt, daß viele Menschen diese Unklarheiten auf lange Zeit hinaus mit anderen, harmlosen Kleinigkeiten verdecken, weil ihnen die Entscheidung zu anstrengend ist. Sie bleiben im Nebel und machen es sich so gewissermaßen „leichter". Andere aber werden mit der Entscheidung überhaupt nicht fertig; sie zerbrechen daran. Schwer ist es, daß man solchen Problemen oft so allein gegenübersteht. Jeder einzelne trägt die ganze Verantwortung. Für uns ist es aber eine Pflicht, dem Zweifel zu begegnen und eine feste Richtung einzuschlagen. Die Art, wie wir in die Religion

durch die Erziehung hineingewachsen sind, ist voller Unmöglichkeiten. Innen war dieses Gebäude hohl und voller Risse. Nur weil noch ein gewisser Glanz und bestimmt auch ein Teil Sicherheit darauf lag, konnte man sich eine Zeitlang darin wohlfühlen. Urteilskraft und wirklich lebendige Überzeugung aber haben wir nicht mitbekommen, um in der Lage zu sein, diese Weltanschauung auch zu verteidigen. Ich behaupte, daß dies gar nicht das wirkliche Christentum war, das wir all die Jahre zu sehen bekamen und das uns zur Nachahmung empfohlen wurde. In Wirklichkeit ist Christentum ein viel schwereres und ungewisseres Leben, das voller Anstrengung ist und immer wieder neue Überwindung kostet, um es zu vollziehen. Der Glaube ist keine solch einfache Sache, wie es uns erschien, in ihm geht nicht alles so glatt auf, wie man es wohl gemeint hat und sich vielleicht auch wünschen möchte, um möglichst wenig Unruhe zu verspüren. Deine Ratlosigkeit verstehe ich wohl. Meinst Du, daß sie mir erspart geblieben ist? Siehst Du, ich möchte Dir so gerne helfen, nicht etwa, um zu missionieren, sondern damit Deine Unsicherheit geringer, Deine Klarheit leuchtender wird. Wozu Du Dich entscheidest, kann ich nicht bestimmen, wäre aber froh, wenn wir den gleichen Weg gehen könnten. Mein Rat besteht eigentlich darin, daß Du praktische Theologie studieren mußt – das hört sich vielleicht seltsam an, ist aber doch die Aufgabe jedes denkenden Menschen. Oft mußt Du im Neuen Testament lesen und jeden einzelnen Satz überdenken und Dich fragen, was wohl damit gemeint ist. Diese Arbeit muß ungemein ernst geschehen und ohne jedes Vorurteil. So muß das Schritt für Schritt weitergehen, viele Jahre lang. Daraus folgt dann der weitere Rat, daß Du lernen mußt, warten zu können. Warten ist Erwarten voller Nüchternheit. Das fällt oft so schwer!“[3]

Willi Graf hat es begriffen! Das Christentum ist keine Religion der Bequemlichkeiten, sondern im Mittelpunkt des christlichen Glaubens steht das Kreuz. Leiden und Christsein sind deshalb untrennbar miteinander verbunden. Gott hat seinen Geschöpfen die Freiheit als unverzichtbare Voraussetzung für die Liebe gegeben, denn unter Zwang kann sie niemals entstehen. ER nimmt diese Freiheit sehr ernst. Dies bedeutet freilich umgekehrt die damit verbundene Verantwortung jedes einzelnen Menschen für sein Tun und Lassen.

Kritisiert wird von Willi Graf, wie der katholische Glaube vermittelt wird. Das soll nicht bedeuten, dass er die Volksfrömmigkeit in Frage stellt. Aber bei diesem Grundstock allein darf es nicht bleiben. Der Glaube erfordert eine ständige Auseinandersetzung und Bewährung.

Willi Graf arbeitet all die Jahre hindurch an der Vertiefung seines Glaubens. Dazu gehört eine intensive Katechese, die ausgiebige Beschäftigung mit der Bibel und mit religiöser Literatur. Für tiefgehende Glaubensgespräche ist seine Zeit im „Bund Neudeutschland" und im „Grauen Orden" von grundlegender Bedeutung. Er ist daneben auch ein „Bücherwurm". Literatur gehört für ihn zum Leben wie die Luft zum Atmen. Auch sie beeinflusst seine Religiosität. Zu seiner Lektüre gehören zum Beispiel: „Tagebuch eines Landpfarrers" (Georges Bernanos), „Der Christ und die Geschichte" (Theodor Haecker), „Schuld und Sühne" (F. M. Dostojewski), „Der Nachtsommer" (Adalbert Stifter) und „Macht und Gnade" (Reinhold Schneider).

Er hat sich durch die stete Auseinandersetzung mit dem Glauben das geistige Rüstzeug erworben, diesen nicht nur zu leben, sondern auch zu verteidigen. Wer über seinen Glauben nichts weiß, kann diesen gegenüber Angriffen kaum in Schutz nehmen.

Als Kind Gottes an SEINER Hand zu gehen, bedeutet, Sicherheiten weitgehend aufzugeben und sich stattdessen mit Vertrauen auf ein einzigartiges, aber nicht immer ganz ungefährliches Abenteuer mit IHM einzulassen. In diesem Zusammenhang sei ein Zitat von Edith Stein genannt:

„Es ist ein weiter Weg von der Selbstzufriedenheit eines „guten Katholiken", der „seine Pflichten erfüllt", eine „gute Zeitung" liest, „richtig wählt" usw., bis zu einem Leben an Gottes Hand, in der Einfalt des Kindes und der Demut des Zöllners. Aber wer ihn einmal gegangen ist, wird ihn nicht wieder zurückgehen."[4]

Willi Graf weiß auch, dass man mit Gott nicht flirten kann, sondern mit ihm ringen muss, wie es der bekannte Straßenprediger Pater Johannes Leppich SJ Jahre später einmal formuliert hat.[5]

Wie ernst es Willi Graf mit seinem Glauben ist, kommt auch aus einem Bericht seines früheren Schulkameraden Helmut Gressung zum Ausdruck:

„Er hatte die Absicht, nach dem Krieg in eine Benediktinerabtei, Maria Laach, einzutreten."[6]

Es naht nun aber die Zeit, in der Willi Graf seine künftigen Freunde in der „Weißen Rose“ kennenlernt. Sie ist keine feste Institution, sondern in ihr finden sich schlicht vertraute Freunde zusammen, die am Ende ihr Leben opfern, im Widerstand gegen einen der größten Verbrecher der Menschheitsgeschichte, gegen Adolf Hitler und seine Diktatur des Bösen.

Jeder Mensch ist etwas Einmaliges, mit keinem anderen identisch. Die sechs Kernmitglieder der „Weißen Rose“ sind denn auch Menschen mit ganz unterschiedlichen Charakteren, mit ihren jeweiligen Eigenarten und Prägungen.

Es ist daher sinnvoll, die anderen Kernmitglieder bis zum Zeitpunkt ihres Zusammentreffens in der „Weißen Rose“ in Kurzbiografien vorzustellen, um Zugang zu ihren jeweiligen Persönlichkeiten zu bekommen. Nur so wird ihr Handeln verständlich.

Beginnen wir mit den bekanntesten Mitgliedern, den Geschwistern Scholl.

Sophie und Hans Scholl

Die Familie Robert und Magdalena Scholl lebt 1918 in diesem Wohnhaus in Ingersheim, wo der Vater das Amt des Bürgermeisters bekleidet. Dort wird nach der Tochter Inge am 22. September 1918 ihr Bruder Hans geboren. Die Gemeinde begrüßt den ersten Sohn ihres Bürgermeisters mit zwölf Böllerschüssen.[7]

Abb. 31: Wohnhaus der Familie Scholl in Ingersheim

Hans Scholl wird in eine Familie mit Rückgrat hineingeboren. Vor allem der Vater Robert Scholl ist für die spätere politische Widerstandstätigkeit von Hans und Sophie Scholl von entscheidender Bedeutung.

Abb. 32: Hans Scholl als Student

Die Mutter, eine ehemalige Diakonissin, bleibt als eine starke und warmherzige Frau in Erinnerung. Beide Elternteile gehören der evangelischen Kirche an. In der Familie wird der Glaube auch gelebt, weniger vom skeptischen Vater, aber umso mehr von der Mutter. Die Quellen innerer Kraft verdanken Hans und Sophie Scholl ihrer Mutter Lina.

Die Scholls ziehen 1919 nach Forchtenberg um, wo Robert Scholl eine neue Stelle als Bürgermeister antritt. Dort werden die zweite Tochter, Elisabeth, und dann am 9. Mai 1921 Sophie Scholl geboren.

1930 wählt die Bevölkerung Robert Scholl nach rund 10 Jahren als Bürgermeister ab. Es folgt ein erneuter Umzug und zwar nach Ludwigsburg.

Zwei Jahre später werden die Koffer schon wieder gepackt, dieses Mal nach Ulm. Zunächst zieht die Familie in das Wohnhaus auf dem nebenstehenden Foto in der Olgastraße.

Abb. 33: Wohnhaus in der Olgastraße in Ulm (2022)

Der Vater macht sich in Ulm als Steuer- und Wirtschaftsberater selbstständig.

Bemerkenswert ist seine Standhaftigkeit, die er sich all die Jahre bewahrt. Jeden Morgen beim Blick in den Spiegel zitiert er ein Gedicht von Goethe: „Allen Gewalten zum Trutz sich erhalten, nimmer sich beugen, kräftig sich zeigen, rufet die Arme der Götter herbei.“ Diesen Worten begegnen wir später noch einmal.

Abb. 34: Robert Scholl

Die Geschwister Scholl bekennen sich allesamt nach der Machtergreifung Hitlers zur Hitlerjugend (HJ) bzw. zum Bund Deutscher Mädel (BDM), was zu heftigen Auseinandersetzungen mit den Eltern, namentlich mit dem Vater führt. Trotzdem lässt der Vater ihnen entsprechend seinen Erziehungsgrundsätzen die Freiheit der Entscheidung. In der Familie Scholl wird all die Jahre hindurch das Mitspracherecht der Kinder, auch wenn sie anderer Meinung sind, nicht nur toleriert, sondern sogar gefördert, was für die damalige Zeit durchaus ungewöhnlich ist. Das mag auch mit ein Grund sein, warum beide in ihrem weiteren Leben einen ausgesprochen großen Freiheits- und Unabhängigkeitsdrang verspüren.

Hans und Sophie Scholl durchlaufen die ganze Karriereleiter innerhalb der HJ bzw. des BDM, in denen das Prinzip gilt: Jugend führt Jugend!

Als sie den Vater stolz auf die Erfolge Hitlers hinweisen, wie zum Beispiel den Autobahnbau, erwidert der Vater:

„Habt ihr nachgedacht, wie er das bewerkstelligt? Die Kriegsindustrie kurbelt er an, Kasernen werden gebaut. Wisst ihr, wo das enden wird? Außerdem – die materielle Sicherheit wird uns nie zufrieden machen. Wir sind doch Menschen, die ihre freie Meinung, ihre eigenen politischen Ideen, ihren eigenen Glauben haben. Eine Regierung, die an diese Dinge rührt, hat keinen Anspruch auf unser Vertrauen."[8]

Bei Robert Scholl treffen wir auf einen der ganz wenigen weitblickenden Menschen, die den Nationalsozialismus von Anfang an richtig einschätzen. Noch ahnen die Geschwister Scholl nicht, wie recht ihr Vater hat und umgekehrt ahnt er nicht, dass ihn seine Kinder eines Tages in seiner Haltung sogar überholen werden. Der Nationalsozialismus zeigt in dieser Zeit sein wahres Gesicht noch nicht ganz.

Jedenfalls hat Sophie Scholl in ihrer Begeisterung keine Hemmungen, die Polizei in Anspruch zu nehmen, um säumige Mädchen ihrer Gruppe zum Dienst im BDM abholen zu lassen. Sie ist auch das einzige Mädchen ihres Jahrganges, das sich in BDM-Uniform konfirmieren lässt. Von Hans Scholl wird berichtet, dass er an Sonntagen katholische Jugendliche auf dem Weg zum Gottesdienst abfängt und verprügelt.[9]

Bei Hans Scholl kommt es 1935 zu einer geistigen Ernüchterung, als er vom Parteitag der NSDAP in Nürnberg zurückkehrt. Er ist ausersehen, auf dem Parteitag die Fahne seines Stammes zu tragen. Dabei nimmt ihm ein HJ-Führer das Buch seines Lieblingsdichters Stefan Zweig einfach weg, und selbst Lieder anderer Völker dürfen nicht gesungen werden, was ihn sehr befremdet. Hinzu kommen die Eindrücke vom geringen geistigen Niveau der Veranstaltung, vom Drill und von den Aufmärschen überhaupt. Seine Ernüchterung ergreift auch seine Geschwister.

Hans Scholl leistet nach seinem Abitur 1937 seinen Reichsarbeitsdienst und den Wehrdienst ab.

Im November 1937 wird Hans Scholl in der Kaserne verhaftet.[10] Ihm werden bündische Umtriebe, Devisenvergehen und homosexuelle Handlungen an einem Jugendlichen in seiner Gruppe vorgeworfen. Was die bündischen Umtriebe anbelangt, beziehen sich diese auf seine Tätigkeit in der „Deutschen Jungenschaft vom 1. November 1929", der er sich aufgrund seiner enttäuschenden Erfahrungen mit dem Nationalsozialismus angeschlossen hat. Zwar wird der Haftbefehl Ende 1937 wieder aufgehoben, aber er wird am 2. Juni 1938 vom Sondergericht Stuttgart zu einer geringfügigen Freiheitsstrafe verurteilt, die jedoch unter die Amnestie durch den Anschluss Österreichs fällt.

1939 kann Hans Scholl endlich sein Medizinstudium in München aufnehmen, das schon bald eine Unterbrechung erfährt. Im März 1940 wird er eingezogen und einer Studentenkompanie in München zugeteilt. Den Kriegsdienst leistet er ab Mai 1940 an der Westfront. In Frankreich nimmt er an Schlachten teil, die sehr viele Menschenleben und unzählige Verwundete fordern. Das Leid, das Hans Scholl als angehender Arzt ständig mitansehen muss, setzt ihm sehr zu. Im Herbst 1940 kehrt er nach München zum Studium zurück.

Es ist ein längerer Prozess der Entfremdung vom Nationalsozialismus, den Hans Scholl erlebt. Aber noch ist er innerlich nicht der Widerstandskämpfer, der er einmal sein wird.

Sophie durchläuft bis zu ihrem Studium ebenfalls noch einige Lebensstationen.

Abb. 35: Sophie Scholl als Studentin

1937 lernt sie in Ulm bei einer Freundin Fritz Hartnagel kennen. Sie ist zu dieser Zeit 16 Jahre alt, er 20. Die beiden freunden sich an und es entwickelt sich eine innige Beziehung, die aber immer etwas kompliziert bleibt, da Fritz Hartnagel Offizier wird.

Abb. 36: Fritz Hartnagel als Soldat

Im März 1940 legt sie ohne Mühe das Abitur ab. Gegen Ende ihrer Schulzeit wird ihr Verhältnis zum Nationalsozialismus zunehmend problematischer. Inzwischen war neben den eigenen Erfahrungen mit den Nationalsozialisten politisch einfach zu viel Grausames geschehen, was Sophie abstößt. Dazu zählt nicht zuletzt der Umgang mit den Juden, was sich für sie nicht zuletzt an ihrer Klassenkameradin Luise Nathan manifestiert.

Um dem Reichsarbeitsdienst zu entgehen, absolviert sie zunächst beim Fröbel-Seminar für Kindergärtnerinnen in Ulm eine Ausbildung, die sie im März 1941 abschließen kann. Während dieser Zeit befreundet sie sich mit Susanne Hirzel, der Tochter des evangelischen Pfarrers der Martin-Luther-Kirche in Ulm. Den Reichsarbeitsdienst muss sie trotz ihrer Ausbildung ableisten und zwar in einem Lager im Schloss Krauchenwies bei Sigmaringen.

Dort lernt sie Gisela Schertling kennen, der wir später wieder begegnen.

Abb. 37: Gisela Schertling als Studentin

Die Zeit empfindet Sophie Scholl insgesamt als einzige Qual, vor allem was den dortigen Drill anbelangt. Doch es kommt noch schlimmer. Es schließt sich nämlich eine neu eingeführte Pflichtzeit an, der sogenannte Kriegshilfsdienst. Diesen durchläuft sie in einem Kinderhort in Blumberg. Im Mai 1942 ist es endlich soweit: Sie kann das Studium der Philosophie und Biologie in München aufnehmen.

Wenn wir nach dem Charakter der beiden Geschwister fragen, dann liefern bei Sophie Scholl zunächst die Erinnerungen ihrer Freundin Susanne Hirzel ein Bild:

„Sophie war wie ein feuriger wilder Junge, trug die dunkelbraunen glatten Haare im Herrenschnitt..., war lebhaft, keck, mit heller klarer Stimme, kühn in unseren wilden Spielen und von einer göttlichen Schlamperei.“[10]

Wie bereits aus diesen Worten durchklingt, ist Sophie recht mutig. Sie besitzt daneben auch ein bemerkenswert zeichnerisches Talent.

Hans Scholl wird als impulsiver, lebhafter und mutiger Mensch beschrieben. Er hat etwas „Draufgängerisches“ an sich, durchaus gepaart mit Führungsqualitäten und der Fähigkeit, andere Menschen begeistern zu können. Aber er neigt gelegentlich auch zum Leichtsinn.

Beide Geschwister sind hochintelligent, gebildet und besitzen ein ausgeprägtes Gerechtigkeitsgefühl. Was ihre Bildung anbelangt, spielten Bücher in der Familie Scholl eine enorme Rolle. Sowohl Hans als auch Sophie Scholl sind

„Buchwürmer". Als Otl Aicher, ein Schulfreund von Werner Scholl, zunehmend im Hause Scholl verkehrt, bildet sich ein Freundeskreis heraus, der in Ulm bei Insidern unter dem Namen „Scholl-Bund" bekannt ist. In diesem Freundeskreis werden viele Bücher gelesen und besprochen, auch solche, die von den Nationalsozialisten verboten sind.

Otl Aicher ist es auch, der Inge und Sophie Scholl ins oberschwäbische Aulendorf mitnimmt. Dort betreibt Josef Rieck einen Buchhandel mit einer speziellen Kundschaft und bei ihm sind auch verbotene Bücher erhältlich. Zu seinen Kunden gehören u.a. Romano Guardini und Joseph Ratzinger.

Abb. 38: Haus der ehemaligen Buchhandlung von Josef Rieck in Aulendorf (2022)

Alexander Schmorell

Alexander Schmorell wird am 16. September 1917 in Orenburg in Russland geboren. Der deutsche Vater hatte in München Medizin studiert. Die Mutter, Natalija Petrovna, stammt aus einer russisch-orthodoxen Familie. So kommt es, dass er russisch-orthodox getauft wird. Als er zwei Jahre alt ist, stirbt sie an Typhus. 1920 heiratet der Vater erneut, und zwar die Tochter eines deutschen Bierbrauers.

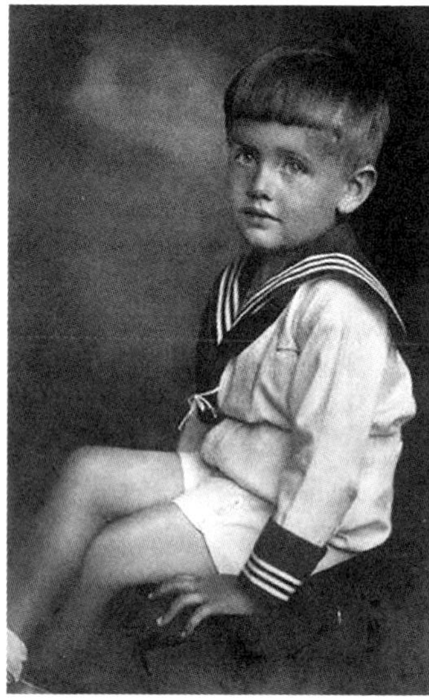

Abb. 39: Alexander Schmorell als kleiner Junge

Nach der Enteignung durch die sowjetische Räteregierung emigriert der Vater 1921 mit dessen zweiter Frau und Alexander nach München, wo er eine Arztpraxis eröffnet. Das russische Kindermädchen zieht ebenfalls mit nach Deutschland. Sie ersetzt Alexander so gut sie kann die verstorbene Mutter. In München besucht er einen orthodoxen Religionsunterricht.

1932 tritt er der Hitlerjugend bei, allerdings nur für kurze Zeit. Alexander Schmorell, den seine Freunde auch „Schurik" nennen (Kosename für Alexander), besucht in München das Neue Realgymnasium, wo er 1937 das Abitur ablegt.

Danach leistet er den Reichsarbeitsdienst im Allgäu ab. Hier erlebt er einen sehr schroffen Umgang von Vorgesetzten und eine geistige Unfreiheit, die im völligen Widerspruch zur eigenen Mentalität stehen. Seine Apathie gegen das NS-Regime nimmt in dieser Zeit stark zu.

Abb. 40: Alexander Schmorell

Nach dem Reichsarbeitsdienst folgt 1937 der Wehrdienst im Artillerieregiment 7 in München.

1938 erlebt Alexander Schmorell als Soldat die Besetzung Österreichs und des Sudetenlandes.

Im März 1939 kann er sein Medizinstudium in Hamburg aufnehmen.

Während eines Ernteeinsatzes in Ostpommern lernt er in dieser Zeit Traute Lafrenz kennen, die eine nicht unbedeutende Rolle in der Geschichte der „Weißen Rose“ spielen wird.

Abb. 41: Traute Lafrenz als Studentin

Im Mai 1940 wird Alexander Schmorell als Sanitätsunteroffizier an die Westfront abkommandiert, wo er seine ersten Kriegserfahrungen sammelt.

Im Herbst 1940 erfolgt schließlich ein Umzug nach München. Dort setzt er sein Medizinstudium fort.

Alexander Schmorell bleibt sein Leben lang in seinem Herzen Russe. In Deutschland wird er nie so richtig heimisch. Später an der Ostfront wird diese Tatsache noch gewichtig werden.

Charakterlich erweist er sich als sympathischer und charmanter junger Mann, der es versteht, herzhaft zu lachen, gleichwohl aber auch nachdenklich sein kann. Alexander Schmorell liebt das Leben und die Natur, das Reiten und das Fechten, er ist intelligent und gebildet. Für alles Musische zeigt er Interesse. Er besitzt ein sensibles Wesen. Zudem zeichnet und malt er sehr gerne. In einem Münchner Zeichenstudio lernt er 1941 Lilo Fürst-Ramdohr kennen, von der ebenfalls noch zu sprechen sein wird.

Bei Alexander Schmorell stechen sein Mut und seine Liebe zur Freiheit des Geistes ins Auge. Zwang und Drill kann er nur äußerst schwer ertragen.

Christoph Probst

Ein weiteres Mitglied im Sechserkreis ist Christoph Probst. Die Familie durchläuft zunächst einen etwas „kurvenreichen“ Werdegang. Seine Schul- und Aufenthaltsorte sind von einem ständigen Wechsel begleitet.

Christoph wird am 6. November 1919 in Murnau geboren. Eine Taufe erfolgt nicht. Er erhält die drei Vornamen Christoph Ananda Hermann. Seine Schwester Angelika ist 1 ½ Jahre älter. Der Vater, Dr. Hermann Probst, ist von Beruf promovierter Chemiker, tätig ist er als Privatgelehrter. Er fühlt sich sehr stark der östlichen Philosophie verbunden. Die Mutter, Katharina Probst, ist Lehrerin.

Abb. 42: Christoph Probst als Student

Die Eltern trennen sich einvernehmlich, es kommt zur Scheidung. Es folgt sodann für Christoph Probst ein Aufenthalt beim Vater in Oberstdorf und Ruhpolding. Seine Aufenthaltsorte wechseln nun immer wieder zwischen Mutter und Vater.

1923 heiratet Katharina Probst erneut und zwar den Ingenieur Dr. Eugen Sasse. 1924 zieht sie mit den Kindern in das sogenannte „Münterhaus“ in Murnau. 1928 nimmt ihr Mann Wohnsitz in Nürnberg und von dort führt ihn sein

Weg nach Wolkersdorf (heute ein Ortsteil von Schwabach), wohin Katharina Sasse mit der Tochter Angelika nachzieht.

In Nürnberg besucht Christoph 1930 bis 1932 zwei Jahre lang das Humanistische Gymnasium. 1932 trennen sich Katharina Probst und Dr. Eugen Sasse wieder.

Nach ihrer Trennung zieht die Mutter nach Marquartstein. Hier besucht Christoph als Externer drei Jahre lang das Internat. Spätestens für 1934 ist für Christoph Probst eine Mitgliedschaft in der Hitlerjugend belegt.

1935 wechselt er an das Neue Realgymnasium in München.

1936 begeht sein Vater, der depressiv ist, Suizid. Dies setzt Christoph Probst enorm zu, da er seinen Vater liebt und schätzt.

Abb. 43: Grab des Vaters in Kaufbeuren

Letztendlich wird er 1936 Schüler des Landerziehungsheimes in Schondorf und legt dort 1937 das Abitur ab.

Den anschließenden Reichsarbeitsdienst absolviert er im Lager Pfeiffermühle im Wertachtal und den Wehrmachtsdienst bei der Flak in der Luftwaffenkaserne in München-Freimann. Er fühlt sich von der geistigen Unfreiheit in diesen Diensten stark abgestoßen. Den Wehrdienst beendet Christoph Probst als Sanitätssoldat im Fliegerhorst Schleißheim.

Er ist froh, als er 1939 mit seinem Medizinstudium in München beginnen kann. Bei Christoph Probst erfolgt die Wahl des Studiums wirklich aus der Berufung und einer tiefen inneren Überzeugung heraus. Er möchte einfach Menschen helfen.

Nach Kriegsbeginn wird er einer Studentenkompanie der Luftwaffe zugeteilt.

Als er 21 Jahre alt ist, heiratet Christoph Probst Herta Dohrn, mit der er zunächst zwei Söhne hat, Michael und Vincent.

Seine Abneigung gegen das Hitler-Regime wächst mit jeder Nachricht von den Gräueltaten der Nationalsozialisten. Was ihn beispielsweise maßlos in Wut versetzt, ist die systematische Tötung von Behinderten im Rahmen der Aktion T4.

In seinem Schwiegervater Harald Dohrn findet er einen gleichgesinnten Gegner des Nationalsozialismus. Dohrn lebt und verteidigt den katholischen Glauben, was auch Christoph Probst beeindruckt und beeinflusst.

Für sein Familienleben legt seine Frau bzw. Witwe Herta Siebler-Probst 2003 Zeugnis ab:

„Christel war ja ein ganz besonderer Mensch, so voll Verständnis, großer Weisheit, froh und aufgeschlossen für alles Schöne im Leben. Jemand, der immer an das Gute im Menschen glaubte, voll Verständnis auch für die Mitmenschen. Er hatte immer ein freundliches Wort für jeden parat, ein fröhliches Zulächeln, ein kurzes Zuwinken. Er war von Natur aus ein froher Mensch, gepaart mit tiefem Ernst, heiter und aufgeschlossen. Besonders ist mir in Erinnerung, wie er sich mit den Kindern freuen konnte, wie er sie in seine schönen, behutsamen, beschützenden Hände nahm, sich über ihr Gedeihen und ihre Äußerungen freute…“[11]

Christoph Probst liebt die Freiheit. Er ist ein absolut lebensbejahender Mensch.

Prof. Dr. Kurt Huber

Last not least - Kurt Huber!

Chur in der Schweiz. Kurt Huber wird dort am 24. Oktober 1893 als Kind deutscher Eltern geboren, wo er inmitten der Schweizer Bergwelt die ersten drei Lebensjahre verbringt.

Abb. 44: Chur in der Schweiz

1896 zieht die Familie nach Stuttgart um. Die Hubers sind sehr musisch eingestellt. Bildung spielt eine große Rolle. Musik, Literatur und Kultur im Allgemeinen bestimmen die Jugendzeit von Kurt Huber.

Am Eberhard-Ludwig-Gymnasium legt er erfolgreich das Abitur ab.

Mit dem Tod des Vaters im Jahre 1911 trifft Kurt Huber ein herber Schicksalsschlag. Seine Mutter entschließt sich, nach München zu ziehen. Hier studiert Kurt Huber Musikwissenschaft mit Philosophie als Nebenfach. 1917 promoviert er mit „summa cum laude“ und studiert anschließend noch Psychologie. 1920 habilitiert er und wird 1926 außerordentlicher Professor für Psychologie und Methodenlehre an der Ludwig-Maximilians-Universität in München.

Sein großes Forschungsgebiet ist und bleibt aber das Volkslied. Hierauf verwendet er seine ganze Kraft. Prof. Dr. Kurt Huber ist zwar katholisch getauft, aber existenzielle Bedeutung erhält seine christliche Gläubigkeit erst zum Lebensende.

1929 heiratet Kurt Huber. Aus der Ehe mit Clara Huber gehen zwei Kinder hervor. Das Einkommen aus seiner Berufstätigkeit ist bescheiden und die Familie lebt damit immer wieder in gewissen finanziellen Sorgen. Seine Frau meldet ihn deshalb zum 1. April 1940 als Mitglied in der NSDAP an, was die wirtschaftliche Situation der Familie deutlich verbessert. Dies ändert jedoch nichts an seiner antinationalsozialistischen Einstellung.

Abb. 45: Prof. Dr. Kurt Huber

Die Vorlesungen von Prof. Dr. Huber sind etwas Besonderes. Er versteht es, die Zuhörerschaft in den Bann zu ziehen. Es ist für regimekritische Studentinnen und Studenten fast selbstverständlich, die Vorlesungen zu besuchen. Er versteht es, zwischen den Zeilen antinationalsozialistische Äußerungen zum Ausdruck zu bringen, ohne dass die Gestapo ihn dafür belangen kann.

Abb. 46: Vorlesung von Prof. Dr. Kurt Huber (Szene aus dem Spielfilm „Die Weiße Rose")

Wie entstand nun die Gruppe der „Weißen Rose"?

Bereits im Schuljahr 1935/36 lernen sich Alexander Schmorell und Christoph Probst am Neuen Realgymnasium, dem heutigen Albert-Einstein-Gymnasium in München kennen. Zwischen den beiden Klassenkameraden entsteht eine tiefe Freundschaft und gemeinsam unternehmen sie sehr viel in ihrer Freizeit. Als sich ihre Wege nach einem Jahr trennen, bleiben sie aber weiterhin in Kontakt und halten ihre Freundschaft aufrecht.

Alexander Schmorell und Hans Scholl treffen in der 2. Studentenkompanie aufeinander, der sie zugewiesen sind. Erstmals begegneten sich die beiden Ende Juni 1941, wenige Tage nach dem Angriff der Wehrmacht auf die Sowjetunion. Ihre entstehende Freundschaft bildet das Fundament für die Gründung der „Weißen Rose“ und für deren erste Widerstandsaktivitäten.

Bei einem Leseabend im Elternhaus von Alexander Schmorell lernt Hans Scholl Christoph Probst kennen, mit dem sich ebenfalls ein freundschaftliches Verhältnis entwickelt.

Im Mai 1942 nimmt Sophie Scholl ihr Studium der Philosophie und Biologie in München auf. Sie tritt damit über ihren Bruder in Kontakt mit dessen Freundeskreis.

Am 13. Juni 1942 kommt es zum ersten Zusammentreffen von Willi Graf und Hans Scholl. Es müssen dabei schon große Sympathien entstanden sein, denn Willi Graf notiert an diesem Tag in sein Tagebuch:

„Gespräch mit Hans Scholl. Hoffentlich komme ich öfters mit ihm zusammen.“[12]

Dieser Eintrag sticht schon aus den üblichen Notizen heraus. Am 19. Juni 1942 erwartet Willi Graf in seiner Wohnung Hans Scholl, aber seinem Tagebuch kann er nur seine Enttäuschung anvertrauen:

„Ich erwarte am Abend Hans Scholl. Doch er bleibt aus, es ist schade... Der Tag begann mit der Anregung des Besuches, zerbrach aber nun an dem Ausbleiben von Hans. Immer bin ich allein, ganz allein.“[13]

Dennoch freundet sich Willi Graf in der Folgezeit intensiv mit Hans Scholl an und darf sich bereits nach wenigen Wochen in dessen Freundeskreis angenommen fühlen, allerdings noch ohne Einweihung in die Widerstandsaktivitäten.

Damit hat sich der Kern der „Weißen Rose“ bis auf Prof. Dr. Kurt Huber zusammengefunden. Er stößt später als letztes Kernmitglied zu der Widerstandsgruppe hinzu.

10 Leseabende und Mentoren

Nicht nur das ständige Selbststudium und die eigenen Erfahrungen prägen das Denken der Studenten, sondern auch einige Schriftsteller bzw. Mentoren üben einen nachhaltigen und vielleicht auch entscheidenden Einfluss auf die Gruppe aus.

Im Elternhaus von Alexander Schmorell kommt es zu Leseabenden, die sich eingehend mit Literatur beschäftigen und die den Studenten einen geistigen Freiraum außerhalb des nationalsozialistisch geprägten Alltags eröffnen. Anfangs sind diese Gespräche nicht auf politische Themen angeordnet, sondern die Werke namhafter Schriftsteller erfahren hier eine intensive Diskussion. Fragen des Glaubens spielen in diesem Kreis eine zentrale Rolle. Auch die Geselligkeit kommt nicht zu kurz. So manche Flasche Wein überlebt den Abend nicht. Kultur live, so könnte der Inhalt der Leseabende mit einem Schlagwort umschrieben werden.

Im Herbst 1941 geschieht aber etwas, was durchaus Auswirkungen auf den Inhalt der Zusammenkünfte hat.

Durch Otl Aicher lernt Hans Scholl den katholischen Publizisten Carl Muth kennen. Trotz des enormen Altersunterschiedes verstehen sich die beiden glänzend und freunden sich an. Hans Scholl schaut auf zu dem väterlichen Freund.

Abb. 47: Carl Muth

Er ordnet Muths Bibliothek und besucht daher fast täglich dessen Haus. Immer wieder kommt es dabei zu lebhaften und intensiven Diskussionen zu Fragen des Glaubens und der Politik.

Carl Muth hat zu diesem Zeitpunkt schon ein sehr bewegtes und mitunter auch beschwerliches Leben hinter sich. Bereits in seiner Jugendzeit war er als Katholik im Kulturkampf Repressalien ausgesetzt.

Abb. 48: Ehemaliges Wohnhaus von Carl Muth in München (2022)

Muth ist Herausgeber der Zeitschrift „Hochland“, die es sich zur Aufgabe gemacht hat, die katholische Kirche an die Moderne heranzuführen. Namhafte Autoren schreiben für ihn. Nachdem sich „Hochland“ schon nach der Machtergreifung 1933 als Zeitschrift erwies, die sich zumindest zwischen den Zeilen regimekritisch gibt, kommt es im Juni 1941 „aus kriegswirtschaftlichen Gründen“ zum Druckverbot.

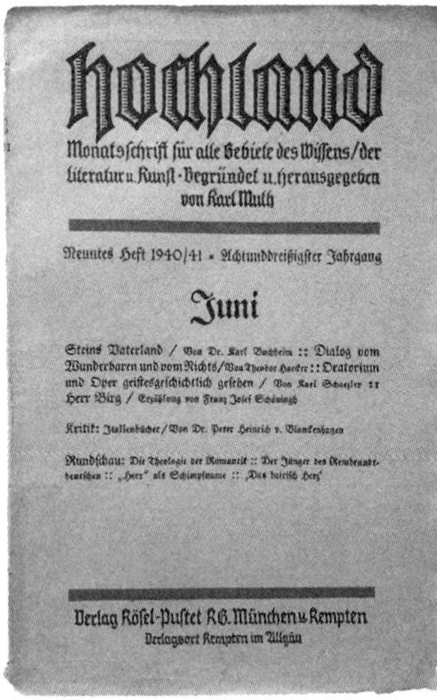

Hochland

Monatsschrift für alle Gebiete des Wissens / der Literatur u. Kunst · Begründet u. herausgegeben von Karl Muth

Neuntes Heft 1940/41 · Achtunddreißigster Jahrgang

Juni

Steins Vaterland / Von Dr. Karl Buchheim :: Dialog vom Wunderbaren und vom Nichts / Von Theodor Haecker :: Oratorium und Oper geistesgeschichtlich gesehen / Von Karl Schaezler :: Herr Birg / Erzählung von Franz Josef Schöningh

Kritik: Italienbücher / Von Dr. Peter Heinrich v. Blanckenhagen

Rundschau: Die Theologie der Romantik :: Der Jünger des Rembrandtdeutschen :: „Herr“ als Schimpfname :: ‚Das bairisch Herz‘

Verlag Kösel-Pustet KG. München u. Kempten
Verlagsort Kempten im Allgäu

Abb. 49: Zeitschrift „Hochland“, letzte Ausgabe vor dem Verbot

Durch den freundschaftlichen Kontakt mit Carl Muth öffnen sich für Hans Scholl auch Türen zu anderen „Menschen großen Formats“. So lernt er Theodor Haecker kennen, dessen Aufsätze ihm aus der Zeitschrift „Hochland“ bekannt sind. Er konvertierte 1921 zum Katholizismus und ist seit 1936 wegen seiner Gegnerschaft zum Nationalsozialismus mit einem Rede- und seit 1938 mit einem Publikationsverbot belegt. Aus seinem Nachlass stammt eine Äußerung, die seine Abneigung gegen die Nationalsozialisten unmissverständlich zum Ausdruck bringt:

„Ich habe nicht die Macht zu verhindern, daß heute das Gesindel die Welt regiert, aber gegen eines kann ich mich Gott sei Dank noch wehren, so schwach ich auch bin, daß mir nämlich das Gesindel die Welt erklärt. Hier bin ich nicht wehrlos.“[1]

Auch Theodor Haecker wird zu einem wichtigen Mentor der „Weißen Rose“.

Neben solchen geistigen Mentoren treffen in dieser Zeit auch noch andere Menschen auf die Studenten:

Der pensionierte Justizinspektor Josef Furtmeier wird zum Vertrauten. 1933 wurde er wegen seiner politischen Haltung aus dem Dienst entfernt.

Abb. 50: Gedenktafel am Geburtshaus in Moosburg

Durch ihn lernt Hans Scholl auch Manfred Eickemeyer kennen, einen Architekten im besetzten Polen, der Hans Scholl eingehend über die von den Nationalsozialisten begangenen Verbrechen an Polen und Juden informiert. Er stellt den Studenten für ihre Zusammenkünfte sein Atelier in der Leopoldstraße zur Verfügung.

Für den 3. Juni 1942 lädt das Ehepaar Gertrud und Viktor Emmanuel Mertens zu einer Lesung mit Sigismund von Radecki ein. Von Radecki ist eigentlich von Haus aus Diplom-Ingenieur. Inspiriert durch die Werke von John Henry Newman war er zum Katholizismus übergetreten. Aber in ihm schlummerte auch noch ein schriftstellerisches Talent, das er im Laufe der Zeit zu seinem Beruf machte. Er ist Mitarbeiter der Zeitschrift „Hochland". In diesem Zusammenhang lernt ihn Hans Scholl bereits am 24. April 1942 im Hause Muth kennen. Auch von Radecki ist ein überzeugter Gegner des Nationalsozialismus und übt durch die Lesung aus seinen Werken Einfluss auf die „Weiße Rose" aus.

Der Abend bei Mertens ist mit ca. 20 Personen gut besucht. Unter ihnen sind auch Hans und Sophie Scholl, Christoph Probst, Hubert Furtwängler, Traute Lafrenz und Alexander Schmorell.

Zwei Wochen später, am 17. Juni 1942, trifft sich erneut eine Runde bei der Familie Mertens. Diesmal ist Prof. Dr. Kurt Huber als Referent eingeladen. Huber kennt die teilnehmenden Studenten schon aus seinen Vorlesungen. Alle sind wieder mit von der Partie, mit Ausnahme von Alexander Schmorell. Dafür nimmt aber Katharina Schüddekopf teil, die bei Huber promoviert.

Im Laufe des Abends entsteht eine von den Gastgebern ganz und gar nicht beabsichtigte politische Diskussion, die so leidenschaftlich geführt wird, dass Huber im Hinblick auf Widerstandsaktivitäten plötzlich erregt sagt:

„Man muß etwas tun, und zwar heute noch."[2]

Wir können uns vorstellen, dass es dem Ehepaar Mertens nicht mehr ganz wohl in ihrer Haut war, denn nun wird es hochgefährlich. Ein Verräter – und die Gestapo würde sich der Gruppe annehmen, aber glücklicherweise befindet sich weder ein Spitzel, noch ein Verräter unter den Eingeladenen.

Aber die Äußerung von Prof. Dr. Kurt Huber auf dem Leseabend scheint trotzdem in anderer Hinsicht nicht folgenlos zu bleiben, wie wir noch sehen werden.

11 Die Ulmer Schüleraktion

Um das nunmehr folgende Handeln der Mitglieder der „Weißen Rose" verstehen zu können, scheint es mir wichtig zu sein, sich vorab in diesem Kapitel mit einer Widerstandsaktion von Ulmer Schülern zu befassen.

Fast gleichzeitig mit der Machtergreifung Hitlers wird ein mutiger und unerschrockener Mann Bischof von Münster: Clemens August Graf von Galen. Er lässt von Anfang an keine Zweifel an seiner zutiefst ablehnenden Haltung gegenüber dem Nationalsozialismus aufkommen.

Abb. 51: Clemens Kardinal von Galen (damals noch Bischof)

Seine Predigten, in denen er die Nationalsozialisten schonungslos angreift, werden berühmt.

Abb. 52: Kreuzigungsgruppe des Düsseldorfer Künstlers Bert Gerresheim beim St.-Paulus-Dom in Münster. In seinen Händen hält von Galen seine Predigtentwürfe.

Dies gilt vor allem für seine Aussagen zur sogenannten „Aktion T4", mit denen Behinderte im Rahmen eines groß angelegten Euthanasieprogrammes ermordet werden sollen. Grafeneck bei Gomadingen in Landkreis Reutlingen wird dafür die erste Tötungsanstalt in Deutschland.

Die Kranken werden mit den berüchtigten grauen Bussen abgeholt und zu den Gaskammern gefahren.

Abb.53: Denkmal vor dem Zentrum für Psychiatrie (ZfP) Weißenau (2022)

In Deutschland und darüber hinaus werden die Predigten Galens auf illegalem Wege vervielfältigt und verteilt. So gelangen sie schließlich auch nach Ulm. Hier spielt das Humanistische Gymnasium, das heutige Humboldt-Gymnasium, eine entscheidende Rolle.

Abb. 54: Humanistisches Gymnasium in Ulm (historische Aufnahme)

Der Lehrkörper besteht zunächst überwiegend aus altgedienten Lehrern, die der neuen nationalsozialistischen Regierung nicht gut gesonnen sind. An der Schule fällt namentlich eine Klasse auf, deren Mehrheit den Nationalsozialisten ablehnend gegenübersteht. Und eben aus dieser Klasse erwachsen einige junge Widerständler und zwar: Heinz Brenner, Hans und Susanne Hirzel, Franz Josef Müller, Heiner Guter und Walter Hetzel.

Die Nationalsozialisten setzen viel daran, den Religionsunterricht zu behindern. 1937 wird für alle Schüler verpflichtend das Schulfach Weltanschauung eingeführt und der Religionsunterricht so behindert, dass er praktisch nicht mehr möglich ist. Deshalb besuchen einige katholische Schülerinnen und Schüler einen privaten Religionsunterricht bei Pater Eisele vom Orden der Weißen Väter im katholischen Kaufmannsheim in der Glöcklerstraße.

Abb. 55: Katholisches Kaufmannsheim an der Glöcklerstraße in Ulm (Gebäude, das das Ulmer Münster teilweise verdeckt; Aufnahme aus den Vorkriegsjahren))

Eisele übt einen gewaltigen Einfluss auf die Schüler aus. Heinz Brenner bezeichnet ihn als einen für seine Person wesentlichsten Menschen, die er je kennengelernt habe.[1] Unter anderem werden Themen behandelt wie die Frage, ob ein Mensch zum Kriegsdienst und damit zum Töten verpflichtet werden kann. Im Verlauf der Diskussion kommen die Schüler zum Ergebnis, dass der Krieg Hitlers ein ungerechter Angriffskrieg ist.

Pater Eisele ist es denn auch, der Heinz Brenner drei Kopien von Predigten und eines Briefes von Bischof von Galen überlässt. Heinz Brenner plant eine Vervielfältigung und Versendung per Post an x-beliebige Adressen.

Zunächst muss dazu ein Vervielfältigungsapparat organisiert werden und den findet er im Büro seines Vaters, der aber nicht im Geringsten eingeweiht wird. Nachdem ein zentraler Einkauf von Papier etc. in den benötigten Mengen zu auffällig wäre, besorgen Jugendliche aus dem Kaufmannsheim über einen längeren Zeitraum bei verschiedenen Geschäften immer nur eine kleine Menge Druckerschwärze, Saugpostpapier und Matrizen. Im gleichen Schema wird mit den Briefumschlägen und den Briefmarken verfahren.

Sodann geht es ans Matrizenschreiben, was sich handwerklich als gar nicht so einfach herausstellt. Vervielfältigt wird in verschiedenen Wohnungen und nicht zuletzt im Dachgeschoss des Hauses Vidal in Oberelchingen.

Abb. 56: Teile des Vervielfältigungsapparates, den die Schüler benutzten.

Dort wohnt der ehemalige ehrenamtliche Bürgermeister Vidal, den die Nationalsozialisten 1935 wegen seiner politischen Haltung abgesetzt hatten. Um Fingerabdrücke zu vermeiden, nehmen die beteiligten Schüler die frischgedruckten Flugblätter mit Wollhandschuhen aus dem Vervielfältigungsapparat. So entstehen mehrere Hundert Flugblätter.

Abb. 57: Haus Vidal in Oberelchingen (2022)

Diese Flugblätter werden im Oktober 1941 frankiert und danach von Heinz Brenner und einem Freund in Stuttgart in verschiedene öffentliche Briefkästen geworfen. Die Eltern haben keine Ahnung davon.

Von Hans Hirzel, der von der Aktion nichts weiß, erfährt Heinz Brenner die politischen Ansichten der Familie Scholl. So wird auch sie eine der Adressaten des Flugblattes. Die Familie Scholl ist inzwischen von der Olgastraße an den

Münsterplatz umgezogen. Dort entfaltet der eingehende Brief durchaus Reaktionen. Sophie Scholl bleibt dies in guter Erinnerung:

„… Hans ist tief erregt, nachdem er diese Blätter gelesen hat. ‚Endlich hat einer den Mut zu sprechen'. Eine Zeit lang betrachtet er nachdenklich die Drucksachen und sagt schließlich: ‚Man sollte einen Vervielfältigungsapparat haben.'"[2]

Abb. 58: Wohnung der Familie Scholl am Münsterplatz in Ulm (großes Haus links)

Es darf als sicher gelten, dass das weitere Handeln von Hans Scholl nicht zuletzt durch die Predigten Galens sehr beeinflusst war. Ob die Ulmer Schüleraktion letztendlich Vorbildcharakter für die Flugblätter der „Weißen Rose" besaß, ist einerseits fraglich, da es im Deutschen Reich auch noch andere widerständische Flugblattaktionen gab, aber andererseits ist es schon auffällig, welche Ähnlichkeiten es bei der Herstellung und beim Versand zwischen den Aktivitäten in Ulm und München gab.

Einigen Schülern des Ulmer Gymnasiums werden wir später nochmals begegnen.

12 Die ersten vier Flugblätter

Hans Scholl und Alexander Schmorell sind jetzt entschlossen, aktiven Widerstand zu leisten.

So entstehen zunächst zwischen dem 27. Juni und 12. Juli 1942, also in einem Zeitraum von nur 16 Tagen, vier Flugblätter, die die Öffentlichkeit wachrütteln sollen. Über die Autorenschaft sind einige Diskussionen geführt worden. Wir dürfen sie als Gemeinschaftswerk von Hans Scholl und Alexander Schmorell ansehen (siehe Anhang).

Überschrieben sind sie mit „Flugblätter der Weissen Rose". In der späteren Vernehmung vor der Gestapo sagt Hans Scholl über die Namensgebung:

„Der Name „die Weiße Rose" ist willkürlich gewählt. Ich ging von der Voraussetzung aus, daß in einer schlagkräftigen Propaganda gewisse feste Begriffe da sein müssen, die an und für sich nichts besagen, einen guten Klang haben, hinter denen aber ein Programm steht..."[1]

Im Flugblatt I prangern die beiden Verfasser die nationalsozialistische Regierung mit deutlichen Worten an und fordern die Leser zum Widerstand auf, wenngleich dieser hier noch sehr allgemein formuliert ist. Das Flugblatt nimmt auch Bezug auf die Bombardierung und Zerstörung Kölns. Unter dem Decknamen „Millennium" starteten in der Nacht vom 30. auf den 31. Mai 1942 über 1.000 Bomber der Royal Air Force in Richtung Köln. Überwiegend warfen sie Brandbomben ab und richteten in der Stadt enorme Schäden an.

Abb. 59: Bombenschäden in Köln, Aufnahme vom 9. Juni 1942

Das Flugblatt richtet sich an die geistige Elite. Halten wir uns einige Passagen daraus vor Augen:

„Ist es nicht so, daß sich jeder ehrliche Deutsche heute seiner Regierung schämt, und wer von uns ahnt das Ausmaß der Schmach, die über uns und unsere Kinder kommen wird, wenn einst der Schleier von unseren Augen gefallen ist und die grauenvollsten und jegliches Maß unendlich überschreitenden Verbrechen ans Tageslicht treten?... Leistet passiven Widerstand – Widerstand – wo immer ihr auch seid, verhindert das Weiterlaufen dieser atheistischen Kriegsmaschine, ehe es zu spät ist, ehe die letzten Städte ein Trümmerhaufen sind, gleich Köln...“

Das Flugblatt II entsteht kurz nach dem Erscheinen des ersten. Die Adressaten sind im Wesentlichen gleich. Hochexplosiv ist darin das Thema der Ermordung der Juden. Noch nie wurde das in der Öffentlichkeit so thematisiert. Auch hier seien Auszüge wiedergegeben:

„Man kann sich mit dem Nationalsozialismus geistig nicht auseinandersetzen, weil er ungeistig ist… schon in ihrem ersten Keim war diese Bewegung auf den Betrug des Mitmenschen angewiesen, schon damals war sie im Innersten verfault und konnte sich nur durch die stete Lüge retten… Wenn sich nun am Anfang dieses Krebsgeschwür des Deutschen Volkes noch nicht allzusehr bemerkbar gemacht hatte, so nur deshalb, weil noch gute Kräfte genug am Werk waren, es zurückzuhalten. Wie es aber größer und größer wurde und schließlich mittels einer letzten gemeinen Korruption zur Macht kam, das Geschwür gleichsam aufbrach und den ganzen Körper besudelte, versteckte sich die Mehrzahl der früheren Gegner, flüchtete die deutsche Intelligenz in ein Kellerloch, um dort als Nachtschattengewächs, dem Licht und der Sonne verborgen, allmählich zu ersticken… Nicht über die Judenfrage wollen wir in diesem Blatte schreiben, keine Verteidigungsrede verfassen – nein, nur als Beispiel wollen wir die Tatsache kurz anführen, die Tatsache, daß seit der Eroberung Polens dreihunderttausend Juden in diesem Land auf bestialische Art ermordet worden sind. Hier sehen wir das fürchterlichste Verbrechen an der Würde des Menschen, ein Verbrechen, dem sich kein ähnliches in der ganzen Menschheitsgeschichte an die Seite stellen kann…jetzt ist es allerhöchste Zeit, diese braune Horde auszurotten…“

Das Flugblatt III, das wahrscheinlich Anfang Juli 1942 entstand, wendet sich erneut an die gebildeten Kreise der Gesellschaft. Wieder lohnt es sich, daraus Auszüge zu lesen, denn darin wird verstärkt auch zur Sabotage aufgefordert und zwar mit konkreten Handlungsaufforderungen:

„Unser heutiger „Staat" aber ist die Diktatur des Bösen… Aber, frage ich Dich, wenn ihr das wißt, warum regt ihr euch nicht, warum duldet ihr, daß diese Gewalthaber Schritt für Schritt offen und im Verborgenen eine Domäne eures Rechtes nach der anderen rauben, bis eines Tages nichts, aber auch gar nichts übrigbleiben wird, als ein mechanisiertes Staatsgetriebe , kommandiert von Verbrechern… Denn mit jedem Tag, da ihr noch zögert, da ihr dieser Ausgeburt der Hölle nicht widersteht, wächst eure Schuld gleich einer parabolischen Kurve höher und immer höher… Und jetzt muß sich ein jeder entschiedene Gegner des Nationalsozialismus die Frage vorlegen: Wie kann er gegen den gegenwärtigen „Staat" am wirksamsten ankämpfen, wie ihm die empfindlichsten Schläge beibringen? Durch den passiven Widerstand – zweifellos… Sabotage auf allen wissenschaftlichen und geistigen Gebieten… Sabotage in allen Veranstaltungen… Sabotage in allem Schrifttum, allen Zeitungen, die im Solde der „Regierung" stehen…"

Schließlich erscheint das Flugblatt IV, auf das eine längere Pause folgt. Hier spielen nun auch theologische Fragen eine Rolle:

„Wer hat die Toten gezählt, Hitler oder Goebbels – wohl keiner von beiden. Täglich fallen in Russland Tausende… Die Trauer kehrt ein in die Hütten der Heimat, und niemand ist da, der die Tränen der Mütter trocknet. Hitler aber belügt die, deren teuerstes Gut er geraubt und in den sinnlosen Tod getrieben hat. Jedes Wort, das aus Hitlers Munde kommt, ist Lüge: Wenn er Frieden sagt, meint er den Krieg, und wenn er in frevelhaftester Weise den

Namen des Allmächtigen nennt, meint er die Macht des Bösen, den gefallenen Engel, den Satan. Sein Mund ist der stinkende Rachen der Hölle und seine Macht ist im Grunde verworfen... Nur die Religion kann Europa wieder aufwecken und das Völkerrecht sichern und die Christenheit mit neuer Herrlichkeit sichtbar auf Erden in ihr friedensstiftendes Amt installieren... Für Hitler und seine Anhänger gibt es auf dieser Erde keine Strafe, die ihren Taten gerecht wäre... Wir schweigen nicht, wir sind Euer böses Gewissen, die Weiße Rose läßt Euch kein Ruhe!"

Diese ersten vier Flugblätter werden alle im Elternhaus Schmorell hergestellt.

Abb. 60: Elternhaus von Alexander Schmorell

Eine Schreibmaschine und einen Vervielfältigungsapparat der Fa. Greif besorgt Alexander Schmorell. Es werden jeweils ca. 100 Exemplare gedruckt, was sich mit den technischen Mitteln der Studenten als sehr mühsam erweist.

Abb. 61: Vervielfältigungs-apparat der Fa. Greif

Da sich die vier Flugblätter alle vornehmlich an Intellektuelle richten, sind sie in einer Sprache abgefasst, die gemessen am Bildungsdurchschnitt in jener Zeit, nicht für alle verständlich ist. Von der geistigen Elite erhoffen sich die beiden Studenten am ehesten die Einsicht in die Notwendigkeit von Widerstandsaktionen gegen die Nationalsozialisten.

Die Namen und Anschriften der Adressaten entnehmen Hans Scholl und Alexander Schmorell aus dem Adressbuch von München. Es handelt sich dabei um Professoren, Akademiker, Buchhändler und andere gebildete Personen.

Abb. 62: Die ersten vier Flugblätter der „Weißen Rose“ werden nur mit der Post verschickt.

Die Gestapo ermittelt zwar wegen dieser Flugblätter, kommt dabei aber nicht so recht voran. Die Verfasser bleiben zunächst unentdeckt.

13 Erlebnisse an der Ostfront

Als Mitglied einer Studentenkompanie dürfen die Studenten der „Weißen Rose" zwar weiterhin studieren, aber in den Semesterferien sind sie verpflichtet, Dienst an der Kriegsfront zu leisten.

Die Studenten der 2. Studentenkompanie werden daher zu einem medizinischen Praktikum (sogenannte Feldfamulatur) an die Ostfront abkommandiert. Für Willi Graf bedeutet dies einen herben Schlag.

Vor seiner Abreise fährt er noch nach Saarbrücken. Anlass dafür ist in erster Linie die bevorstehende Hochzeit seiner Schwester Mathilde, bei der er selbst nicht mehr dabei sein kann. In seinem Tagebuch hält Willi Graf am 19. Juli 1942 fest:

„Die Überraschung ist groß, den ganzen Tag bin ich daheim, lerne Ossy kennen, der sehr nett ist, spreche mit den Eltern und Mathilde. Bedauerlich ist es ja doch, daß ich nicht länger bleiben kann. Rasch vergehen die Stunden… Mit Mathilde und Ossy zur Bahn. Fertig, ich fahre wieder los, ins Ungewisse."[1]

Wieder zurück in München ist es am 23. Juli 1942 soweit. Nach Stunden des Wartens auf die Abfahrt des Zuges verabschieden sich Willi Graf, Alexander Schmorell, Jürgen Wittenstein, Hubert Furtwängler und Hans Scholl am Ostbahnhof in München von Sophie Scholl, Regina Renner und Christoph Probst, der als Angehöriger der Luftwaffe nicht mitfährt. Das Foto von der Verabschiedung gehört zur deutschen Erinnerungskultur und findet sich in zahlreichen Veröffentlichungen.

Abb. 63: Verabschiedung am Ostbahnhof in München am 23. Juli 1942

Um 11 Uhr setzt sich der Zug in Bewegung. Die Fahrt führt über Regensburg, die Oberpfalz, Zwickau, Dresden, Görlitz und Lissa nach Warschau, das sie am 26. Juli 1942 erreichen.

Der Aufenthalt in der zerbombten Stadt stellt für die Studenten aus München eine Belastung dar. Am Tag der Ankunft notiert Willi Graf in seinem Tagebuch:

„Am Spätnachmittag gehen wir in die Stadt. Das Elend sieht uns an. Wir wenden uns ab."[2]

Mit dem Elend ist das Warschauer Ghetto gemeint, das die Freunde aufsuchen. Ähnlich schreibt Hans Scholl in sein Tagebuch:

„Die Stadt, das Ghetto und alles Drum und Dran hatte auf alle einen sehr entscheidenden Eindruck gemacht."[3]

In der polnischen Hauptstadt befand sich bis Kriegsbeginn die größte jüdische Gemeinde Europas.

Im Herbst 1940 hatte die Errichtung des berüchtigten „Warschauer Ghettos“ begonnen. Rund drei Quadratkilometer groß ist diese Fläche des Elends. Umschlossen ist das Ghetto von einer über drei Meter hohen und mit Stacheldraht besetzten Mauer mit einer Gesamtlänge von rund 18 km.[4]

Abb. 64: Reste der Umfassungsmauer des „Warschauer Ghettos“ (2022)

Seit 16. November 1940 ist das Ghetto vollkommen abgeriegelt.

Im November 1940 waren dort rund 400.000 Menschen eingepfercht, im Juni 1941 belief sich die Belegung sogar auf rund 460.000 Menschen. Darin eingeschlossen sind auch Juden, die aus dem Deutschen Reich und anderen besetzten Gebieten nach Warschau deportiert wurden.

Abb. 65: Warschauer Ghetto. Passanten neben einem auf dem Gehweg liegenden jüdischen Kind in Lumpen (schlafend, krank oder sterbend?)

Die Nationalsozialisten sorgen im Ghetto bewusst für eine Unterversorgung mit Lebensmitteln. Medikamente gibt es kaum. Bei der Enge und den unvorstellbar schlechten Lebens- und Hygienebedingungen sind Krankheiten wie Flecktyphus und Tuberkulose an der Tagesordnung. Bis Juli 1942 sterben allein an den Folgen der unmenschlichen Bedingungen im Ghetto fast 100.000 Menschen.

Um sich eine Vorstellung von den Lebensbedingungen machen zu können, sei hier ein Zeitzeugenbericht des polnischen Arztes Ludwik Hirszfeld zitiert:

„Die Straßen sind so übervölkert, dass man nur schwer vorwärts gelangt. Alle sind zerlumpt, in Fetzen. Oft besitzt man nicht

mal mehr ein Hemd. Überall ist Lärm und Geschrei. Dünne, jämmerliche Kinderstimmen übertönen den Krach… Auf den Bürgersteigen stapeln Kot und Abfälle sich zu Haufen und Hügeln... Ich sehe ungeheuer viele Männer und Frauen, die vom Ordnungsdienst gejagt werden. Alte, Krüppel und Gebrechliche werden an Ort und Stelle selbst liquidiert… Oft liegt etwas mit Zeitungen Zugedecktes auf dem Bürgersteig. Schrecklich ausgezehrte Gliedmaßen oder krankhaft angeschwollene Beine schauen meistens darunter hervor. Es sind die Kadaver der an Flecktyphus Verstorbenen, die von den Mitbewohnern einfach hinausgetragen werden, um die Bestattungskosten zu sparen.… Tausende von zerlumpten Bettlern erinnern an das hungernde Indien. Grauenhafte Schauspiele erlebt man täglich.“[5]

Am 22. Juli 1942 beginnen die Nationalsozialisten mit den Deportationen der jüdischen Bevölkerung aus dem Ghetto in das Vernichtungslager Treblinka, wo sie bestialisch ermordet wird. Willi Graf und seine Freunde halten sich genau in dieser Zeit in Warschau auf.

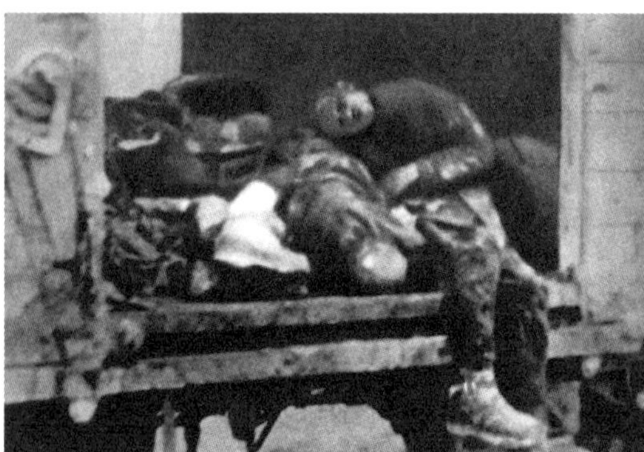

Abb. 66: Zug vom „Warschauer Ghetto“ nach Treblinka, August 1942

Hier erleben sie live und hautnah die Gräueltaten der Nationalsozialisten (vgl. Flugblatt II). Welche Abscheu müssen diese Erlebnisse in Warschau bei Willi Graf und den anderen hervorrufen! Sein Tagebuch hält am 27. Juli 1942 fest:

„Hoffentlich sehe ich Warschau nicht mehr unter diesen Vorzeichen und Bedingungen.“[6]

Abb. 67: Warschauer Ghetto, Abtransport junger Männer

Allein dieses Erlebnis erhöht den Widerstandswillen in der „Weißen Rose“ entscheidend.

Am 28. Juli 1942 verlassen sie Warschau und fahren mit dem Zug weiter über Ostpreußen, Dtsch. Eylan, Allenstein, Insterburg, Wilna, Dünaburg-Lettland, Polozk, Smolensk bis nach Wjasma, wo sie am 1. August 1942 eintreffen. Daran schließt sich ein sehr langer Fußmarsch vom Bahnhof zur Frontsammelstelle an.

Am Tag darauf erfolgt der Besuch der russischen Kirche und des Marktes von Wjasma, der in Willi Graf einen bleibenden Eindruck hinterlässt:

„Am Sonntag Morgen gehen wir zur russischen Kirche. Ich stehe mitten unter diesen hartgeschlagenen Menschen. Zunächst ist die Matutin sehr einförmig, der Gesang zur Messe aber ist wundervoll, und so bleiben wir 2 Stunden in dem Gottesdienst… Am Nachmittag sind wir für kurze Zeit auf dem russischen Markt, wo seltsame Dinge feilgeboten werden, das Elend ist schon selten so kraß hervorgetreten. Brot bricht alle Grenzen und wird von allen gesucht…"[7]

Abends fahren die Soldaten mit dem Zug weiter nach Gshatsk, das sie gegen 22 Uhr erreichen. Dort befindet sich der Hauptverbandsplatz, ganz in der Nähe des Flughafens von Gshatsk, ca. 130 km von Moskau entfernt. Die Stadt steht bei der Ankunft unter dem Beschuss durch russische Artillerie. Der Hauptverbandsplatz selbst liegt im Wald. Zusammen mit Hans Scholl wird Willi Graf auf die Seuchenabteilung abkommandiert. Zwar werden die Studenten durch unterschiedliche Einsatzorte immer wieder getrennt, aber sie können trotzdem in Kontakt bleiben.

Mitten in diese Kriegserlebnisse fällt ein Ereignis in der Heimat, das der ganzen Familie Scholl ziemlich zusetzt. Am 3. August 1942 verurteilt ein Sondergericht Vater Robert Scholl wegen eines Verstoßes gegen das Heimtückegesetz zu einer viermonatigen Gefängnisstrafe. Was ist geschehen? Vater Scholl hat gegenüber einer Angestellten Adolf Hitler als „Gottesgeißel" bezeichnet und ist dafür von ihr angezeigt worden. Die Haftstrafe stürzt die Familie nicht zuletzt in finanzielle Nöte. Sein Ulmer Steuerbüro leitet während der Haftzeit Eugen Grimminger.

Am 8. August 1942 erreicht Willi Graf die Nachricht von der Bombardierung Saarbrückens, die ihm seiner Eintragung im Tagebuch zufolge große Sorgen bereitet:

„Nachrichten über die Bombardierung Saarbrückens. Es soll wirklich schlimm sein. Ich habe große Sorgen um die Eltern, von denen ich doch keine Nachrichten bekommen kann.“[8]

In der Zeit seines Einsatzes an der Ostfront klagt der sensible und empfindsame Willi Graf wiederholt über seinen schwermütigen Gemütszustand. Dieser manifestiert sich nicht nur zuweilen über eine absolute Antriebslosigkeit, sondern auch über eine für ihn unerklärliche innere Unruhe:

„Ich bin unruhig, ganz besonders unruhig an diesem Tag, ich weiß nicht, weshalb.“[9]

Daneben plagen ihn Selbstzweifel, da es ihm nicht leichtfällt, mit seinen Mitmenschen in Kontakt zu treten, wie er am 25. August 1942 schreibt:

„Weil die anderen im OP arbeiten, bin ich selten länger mit ihnen zusammen. Ich finde, daß ich ihnen ferne rücke, obwohl mir doch an dem Zusammenleben viel liegt. Es geht mir eigentlich immer so im Zusammenleben mit mir lieben Menschen. Was bin ich für ein Mensch?“[10]

Des Weiteren spricht er am 27. August 1942 von Einsamkeit, die ihn eben nicht nur in München quälte, sondern insbesondere auch hier an der Front, was natürlich auch an den äußeren Umständen liegt:

„Meine Gedanken gehen in die Weite und finden nirgendwo einen Halt. Immer dieses Gefühl der Einsamkeit."[11]

Allein seinem Tagebuch vertraut er an, wie sehr er darunter leidet. Erst als seine Schwester Anneliese es nach Kriegsende liest, eröffnet sich ihr das geheime Innenleben ihres Bruders:

„Als ich das Tagebuch dann schließlich doch las…, wurde mir zum ersten Mal klar, dass er, der starke Bruder, unter Einsamkeit gelitten hatte. Das hatte er sich zu Lebzeiten nie anmerken lassen. Er war für mich immer der starke Bruder gewesen, der alles schaffte, alles hinkriegte. Und wenn er auch nie über sein Innenleben oder über Beziehungen zu Mädchen erzählte, so dachte ich stets, dass es einzig daran lag, dass er von seinem Wesen her ein schweigsamer Mensch war. Nun aber begriff ich, dass mein Bruder überhaupt keine engen nachhaltigen Beziehungen hatte."[12]

Willi Graf sehnt sich ganz in seinem Innern nach Wärme, Geborgenheit, Zuneigung, Freundschaft und Liebe. Er ist ein Mensch, der zu tiefen Freundschaften fähig ist, aber er macht es sich und seinem Umfeld dabei nicht immer leicht. Auch ist er nicht der Typ, der von Frauen umschwärmt wird, ganz im Gegenteil. Dabei mangelt es ihm insbesondere in München nicht an Gelegenheiten, Menschen kennenzulernen. So trifft er in der Siegfriedstraße alte Freunde aus dem „Grauen Orden", singt im Chor des Münchner Bach-Vereins und besucht daneben viele Konzerte, ganz zu schweigen vom Studienbetrieb an der Universität.

Abb. 68: Siegfriedstr. 18 in München (2022)

Willi Graf ist in gewisser Hinsicht ein Einzelgänger und Außenseiter. Das ist wohl ansatzweise schon in der Familie in Saarbrücken so. In der Wahl seiner Freunde ist er ausgesprochen wählerisch. Es muss einfach passen, vor allem, was die Ansichten und den Intellekt anbelangt. Seine Schwester Anneliese bringt dies deutlich zum Ausdruck:

„Er konnte kühl und reserviert sein, und er gab sich nur ganz, wenn es sich lohnte. Dann aber strahlte er eine Wärme und Herzlichkeit aus, die man so gar nicht vermutete.“[13]

Was menschliche Beziehungen anbelangt, führt Willi Graf also einen harten inneren Kampf. Er ist sicherlich nicht der Lebenskünstler, sondern der verschlossene Einzelgänger, der nicht leicht Anschluss an andere Menschen findet, der aber trotzdem ein sehr wertvoller Mensch ist. Es lohnt sich, ihn für sich zu gewinnen. Das alles scheint eine gewisse Tragik seines Lebens zu sein. Hierzu sagt sein Neffe, Joachim Baez:

„Um ein Freund meines Onkels zu werden, musste man dessen Freundschaft erst verdienen.“[14]

Alexander Schmorell kommt während des Aufenthalts in Russland eine bedeutsame Funktion zu. Er vermittelt seinen Freunden nämlich den geistigen Zugang, sowie die Liebe zu seiner russischen Heimat, den dort lebenden Menschen und zur russischen Literatur. In einem Brief an Marita Herfeldt vom 29. August 1942 schreibt Willi Graf hierzu:

„Einer von uns, ebenfalls ein Mediziner, spricht ein ausgezeichnetes Russisch, da er in diesem Land geboren und erst zur Zeit der Revolution mit seinen Eltern das Land verlassen mußte und dann auch fast wieder ein Deutscher wurde. Nun sieht er zum ersten Male wieder dieses Land, und auch mir eröffnet sich vieles, was vorher unbekannt oder zumindest unverstanden blieb. Oft erzählt er uns von der russischen Literatur und auch zu den Menschen hier findet man einen ganz anderen Weg, als wenn man sich nicht verständigen könnte. Oft schon haben wir bei den Bauern gesungen

und ließen uns die wundervollen alten Lieder spielen und singen. Man vergißt dann ein klein wenig das Traurige all der Dinge, die man zu oft sehen muß... Diese Begegnungen und Gespräche geschehen aber, während in der Ferne die Geschütze und Gewehre nur selten verstummen, und wir die Kranken und Verwundeten versorgen. Es sind zwei seltsame Welten um uns herum."[15]

Der Kontakt, den die Studenten immer wieder zur russischen Bevölkerung suchen, ist nicht ungefährlich. Würden sie dabei ertappt, drohten ihnen hohe Strafen, denn solche Kontaktaufnahmen mit dem Feind sind strengstens untersagt.

Es beeindruckt noch heute, wie gut die Studenten aus München den Zugang zur russischen Bevölkerung finden. „Leicht findet man eigentlich den Weg zu den Russen, wenn man sich um sie müht", so notiert er am 20. Oktober 1942 in das Tagebuch.[16]

Abb. 69: Letzte gemeinsame Mahlzeit in Gshatsk. Von links: Hubert Furtwängler, Hans Scholl, Willi Graf und Alexander Schmorell.

Für Willi Graf ist es bereits der zweite Einsatz an der Ostfront, der sich als noch brutaler gegenüber dem ersten erweist.

Auch die anderen sehen, wie die Deutschen mit fremden Völkern umgehen. Trotz dieser abscheulichen Verbrechen steht die Mehrheit der deutschen Soldaten innerlich immer noch ganz hinter Adolf Hitler.

Am 6. November 1942 kehren die jungen Studenten wieder zurück nach München. Viel liegt hinter ihnen. Russland und ihre Menschen bleiben nicht als Feinde in ihrem Herzen zurück, sondern als Freunde. Ihr Fronteinsatz wird jedenfalls Folgen haben. Die Bilder der nationalsozialistischen Gräuel, die sie in sich tragen, sind Motor und Antrieb für ihre kommenden Handlungen.

14 Der Stein kommt ins Rollen

Nach seiner Rückkehr von der Ostfront sucht Willi Graf in München erst einmal eine neue Wohnung und findet sie im Stadtteil Schwabing in der Mandlstr. 28 bei einer Vermieterin, die dem Nationalsozialismus ablehnend gegenübersteht.

Abb. 70: Mandlstr. 28 in München (2022)

Nicht weit davon entfernt liegt die Kirche St. Sylvester. Dort feiert er öfters Gottesdienste mit.

Abb. 71 und 72: St. Sylvester München (2022)

Auch die Geschwister Scholl ziehen um und zwar in die Franz-Joseph-Str. 13 im Münchner Stadtteil Schwabing, unweit der Universität. Die Wohnung wird auch zu einem Treffpunkt der Studenten.

Auf Willi Graf wartet nach der Rückkehr von der Front zunächst einmal eine herbe Enttäuschung. Am 19. November 1942 trifft er in Köln-Ehrenfeld seine Freundin Marianne Thoeren:

„Der Eindruck beim Wiedersehen ist unermeßlich. Irgendwo essen wir, nachher dann gehen wir durch den Grüngürtel… Das Wort, es könne nicht mehr als diese Freundschaft daraus werden. Ich dränge weiter, und so höre ich, daß M. gebunden ist. Es ist mir, als verspüre ich körperlich einen Schlag, ich werde fast überwältigt."[1]

Marianne Thoeren hat sich für einen anderen entschieden. Willi Graf gibt sich alle erdenkliche Mühe, diesen seelischen Tiefschlag gegenüber seinem Umfeld zu verbergen, was ihm aber nur mit Einschränkungen gelingt. Dazu ist die Wunde einfach zu groß, die in sein Herz geschlagen wurde. Marianne Thoeren kann zwar hervorragend zuhören und die beiden verbindet viel Gemeinsames – heute würde man von einer Seelenverwandtschaft sprechen –, aber Liebesgefühle sind nur einseitig vorhanden.

Die Tochter von Marianne Thoeren schreibt dem Autor hierzu:

„Willi Graf hatte sich während seiner Zeit als Soldat Hoffnungen gemacht, dass die Gefühle meiner Mutter für ihn mehr als

nur freundschaftlich waren, denn bei ihm war es offensichtlich so.

In der zweiten Jahreshälfte 1942 besuchte er meine Mutter in Bonn um ihr zu sagen was er für sie empfand. Meine Mutter hat mir häufiger erzählt, wie schwer es ihr fiel, ihn enttäuschen zu müssen, denn in der Zwischenzeit hatte sie meinen Vater kennengelernt.

Mein Vater war ein junger Privatdozent, der an der Universität Bonn Pharmakologie für Zahnmediziner lehrte und den sie auf diese Weise kennenlernte. Er, der 8 Jahre älter war als sie, war es denn auch, der meiner Mutter nachdem ihr Bruder Hans Jakob im Januar 1942 als junger Arzt an der Ostfront gefallen war, sehr zur Seite stand. Zwischen ihm und meiner Mutter entwickelte sich langsam eine Liebesbeziehung, die schließlich 1944 zur Eheschließung führte.

Für Willi Graf war es eine herbe Enttäuschung, als meine Mutter ihn von der Beziehung zu meinem Vater in Kenntnis setzte. Er schenkte ihr an dem Tag ihres so wichtigen Gespräches ein kleines Buch mit einer Widmung, das sich heute noch im Familienbesitz befindet."[2]

Aus den Briefen von Marianne Thoeren an Willi Graf lässt sich nichts entnehmen, was Willi Graf zu Hoffnungen auf eine Beziehung „berechtigen" würde. Aber auch diese Enttäuschung macht er mit sich allein aus.

Die Erlebnisse an der Ostfront bestärken die Studenten enorm in ihrem Widerstandswillen. Zu nachhaltig bleiben die Eindrücke von den abscheulichen Verbrechen in ihrem Gedächtnis haften, die die Nationalsozialisten in Polen und Russland verüben.

Inzwischen wird auch die militärische Lage Deutschlands an der Ostfront immer bedrohlicher. Die verlogenen Meldungen der nationalsozialistischen Propaganda können die Studenten nicht über die wahre Lage hinwegtäuschen. Dazu wissen sie einfach zu viel.

Immer deutlicher manifestiert sich die Absicht der Studenten der „Weißen Rose“, gegen den Wahnsinn des Hitler-Regimes verstärkt aktiv zu werden. Untätig dem Treiben des Diktators zuzusehen, entspricht jedenfalls ganz und gar nicht ihrer Mentalität.

Sie sind entschlossen, den Widerstand durch Kooperation mit anderen Widerständischen sowie durch die Anwerbung neuer Helferinnen und Helfer räumlich auszuweiten. Hierbei kommt Willi Graf eine entscheidende Bedeutung zu. Erst jetzt schlägt seine Stunde.

15 Das V. Flugblatt und die Ausweitung des Widerstandes

Insbesondere dem eigentlichen Kopf und Motor der „Weißen Rose“, Hans Scholl, schwebt schon einige Zeit eine räumliche Ausweitung des Widerstandes vor. Damit wächst selbstverständlich auch die Gefahr, aufzufliegen. Jeder Mitwisser kann auch zum Verräter werden. Die politische und menschliche Zuverlässigkeit muss deshalb bei jedem potentiellen neuen Helfer und damit Mitwisser intensiv geprüft werden. Die Akteure sind sich der Risiken bewusst, aber sie nehmen sie um der Sache willen in Kauf.

Es ist indes nicht ganz einfach, das entstehende Beziehungsgeflecht der „Weißen Rose“ übersichtlich darzustellen, zumal sich die Ereignisse nun überschlagen.

Kontakte nach Berlin

Lilo Fürst-Ramdohr, die wir schon im Kapitel 9 kennengelernt haben, unterhält seit Jahren gute Beziehungen nach Berlin. Während ihrer Schulzeit lernte sie Falk Harnack kennen, mit dem sie vorübergehend auch verlobt war. Falk Harnack ist der Bruder von Arvid Harnack, der im Widerstand tätig ist. In dessen Wohnung treffen sich immer wieder Gegner des NS-Regimes.

Arvid Harnack gehört zusammen mit Harro Schulze-Boysen und anderen einer Gruppierung an, der die Gestapo den Namen „Rote Kapelle“ gab.

Abb. 73: Briefmarke der DDR aus dem Jahr 1982

Arvid Harnack und Harro Schulze-Boysen unterhalten Kontakte zum sowjetischen Nachrichtendienst in Berlin. Die „Rote Kapelle" fliegt auf, als die deutsche Militärabwehr einen russischen Funkspruch abfängt, in dem der Name Harro Schulze-Boysen erwähnt wird. Daraufhin kommt es zu zahlreichen Verhaftungen, von denen Hans Scholl und Alexander Schmorell durch das Abhören ausländischer Feindsender Kenntnis erlangen.

Lilo Fürst-Ramdohr nimmt Kontakt mit Falk Harnack auf und arrangiert ein Treffen in Chemnitz, wo er als Soldat stationiert ist. Im November 1942 fahren Hans Scholl und Alexander Schmorell mit dem Zug nach Chemnitz, was nicht ganz ungefährlich ist, denn sie dürfen sich nur in einem Umkreis von 50 km von München entfernen und müssen im Zug ständig mit Kontrollen rechnen. Dennoch gehen sie das Risiko ein.

Es kommt zu einem sehr intensiven Gespräch im Hotel „Sächsischer Hof", von dem Falk Harnack später berichtete:

„Entgegen der üblichen illegalen Gepflogenheiten sprachen wir sofort sehr offen, da wir gegenseitig wußten, wen wir vor uns

hatten. Sie legten mir ihre bisher veröffentlichten Flugblätter als Diskussionsbasis vor."[1]

Abb. 74: Sächsischer Hof in Chemnitz (historische Postkarte)

Hans Scholl unterrichtet Falk Harnack über die Arbeit der „Weißen Rose" und das Ziel, an allen deutschen Universitäten Widerstandszellen zu errichten. Falk Harnack berichtet seinerseits über Putschpläne in der Wehrmacht und er ist bereit, nach Berlin einen Kontakt zu vermitteln. Außerdem denkt er an ein Treffen mit Dietrich Bonhoeffer, um das er sich kümmern möchte. Schließlich wird eine weitere Zusammenkunft mit Harnack in München vereinbart.

Kontakte nach Hamburg

Traute Lafrenz tritt im November 1942 einen dreiwöchigen Dienst in einer Klinik in Hamburg an. Sie nutzt diese Zeit und ihre Verbindungen in die Hansestadt. Hamburg wird sich schließlich als weitere Stätte der Kooperation erweisen. Dort haben sich verschiedene Gruppen gebildet mit Menschen, die gegenüber dem Nationalsozialismus sehr kritisch eingestellt sind. Es handelt sich dabei nicht nur um Studenten, sondern auch um andere Personen, namentlich Gelehrte und Bildungsbürger, die sich jedoch nicht alle gegenseitig kennen. Nicht wenige davon sind humanistisch gebildet. Die Gesamtzahl darf auf rund 50 Personen geschätzt werden.

Traute Lafrenz schreibt zu ihrem Aufenthalt in Hamburg:

„Ich fuhr mit dem Zug und hatte ein Flugblatt von Churchill in der Tasche und eines von der Weißen Rose… In Hamburg suchte ich meinen alten Klassenkameraden Heinz Kucharski auf. Heinz wurde ganz aufgeregt und wollte weitere Flugblätter haben…“.[2]

Sicherstellung der Finanzierung durch Kontakt nach Stuttgart

In München geht es derweil an die Planung des V. Flugblattes. Um dessen Herstellung überhaupt bewerkstelligen zu können, bedarf es erheblicher finanzieller Mittel. Für die Studenten der „Weißen Rose“ stellt die Beschaffung der Finanzmittel immer ein ernstzunehmendes Problem dar.

Deshalb fahren Hans Scholl und Alexander Schmorell am 26. November 1942 nach Stuttgart und suchen dort Eugen Grimminger auf, also den Mann, der das Büro von Robert Scholl während dessen Inhaftierung kommissarisch geleitet hat. Grimminger und seine Frau Jenny sind von Anfang an überzeugte und entschiedene Gegner des Nationalsozialismus. Doch Grimminger muss doppelt vorsichtig sein, denn seine Frau ist Jüdin und daher extrem gefährdet.

Die beiden Studenten haben Erfolg. Grimminger gibt ihnen nicht nur Geld für die Aktion, sondern auch Papier und Briefumschläge, was in Kriegszeiten schwer zu beschaffen ist. Wir wissen nicht genau, wie viel Geld Grimminger zur Verfügung stellt, jedenfalls aber genügend für die Durchführung des gefährlichen Unternehmens.

Abb. 75: Eugen Grimminger

Grimminger weiß, welch enormer Gefahr er insbesondere seine Frau aussetzt. Nach dem Krieg räumt Grimminger denn auch ein:

„Meine Frau hatte mich inständig gebeten, ich soll mich nicht an der Verschwörung beteiligen, um meinetwillen, um ihretwillen – ich tat es dennoch! Ich tat es, weil ich nicht anders konnte. Ich konnte es nicht mehr mit ansehen, was alles an Scheußlichkeit und Verbrechen begangen wurde."[3]

Abb. 76: Eugen Grimminger mit seiner Frau Jenny während eines Urlaubes in der Schweiz (1930)

Am 9. Dezember 1942 wird Prof. Dr. Kurt Huber von der Absicht, ein V. Flugblatt zu verbreiten, unterrichtet. Ab diesem Tag darf er zu den Kernmitgliedern der „Weißen Rose" gezählt werden.

Nur wenige Tage später erschüttert eine Nachricht aus Berlin die Freunde in München.

Das Reichskriegsgericht verurteilt am 19. Dezember 1942 Arvid Harnack und andere zum Tode. Drei Tage später wird das Todesurteil vollstreckt, und sie werden im Gefängnis Berlin-Plötzensee durch den Strang hingerichtet. Seine Frau Mildred wird später im Februar 1943 enthauptet werden.

Abb. 77: Briefmarke der DDR zu Dr. Arvid und Mildred Harnack

<u>Anwerbung neuer Helfer durch Willi Graf in Saarbrücken und Freiburg</u>

Willi Graf kommt nun die riskante Aufgabe zu, in seinem früheren Freundeskreis neue Helfer anzuwerben.

Er verbringt die vorlesungsfreien Tage an Weihnachten 1942 in Saarbrücken. Bis zum 26. Dezember 1942 gehört die Zeit der Familie.

Nachdem der Widerstand in München schon auf Hochtouren läuft, schafft er es auch über Weihnachten nicht ganz, sich von den Gedanken an die Aktivitäten in München zu lösen. Am 25. Dezember 1942 unternimmt Willi Graf abends einen kurzen Spaziergang mit seinem Vater. Von der ältesten Schwester Mathilde wissen wir, was sich dabei zutrug. Der Vater hatte ihr erst später davon erzählt. Willi bittet den Vater, nach seinem Medizinstudium auch noch Philologie studieren zu dürfen. Als Willi die politische Lage und die Notwendigkeit, Widerstand zu leisten, anspricht, beschwört sein Vater ihn, sich herauszuhalten, denn auch er müsse Kompromisse schließen. Doch Willi entgegnet seinem Vater:

„Es muß doch etwas getan werden, auch wenn es den Kopf kosten sollte."[4]

Sein Vater ahnt hingegen nicht, dass Willi Graf seine freien Tage nicht nur nutzt, um wieder einmal bei der Familie zu sein.

Am 27. Dezember 1942 macht er einen Besuch bei den Gebrüdern Bollinger in der Burbacher Wilhelmstr. 12. Heinz und Willi Bollinger, beide kennt er noch aus dem „Bund Neudeutschland" und von beiden weiß er auch um deren antinationalsozialistische Gesinnung.

Nach dem Abitur studierte Heinz Bollinger Philosophie in Freiburg. Nachdem er wegen einer Wirbelsäulenverletzung keinen Wehrdienst leisten konnte und daher keine Unterbrechung seines Studiums in Kauf nehmen musste, konnte er bereits 1942 sein Studium mit der Promotion abschließen. Seither ist er als Hilfskraft am Freiburger Seminar für Philosophie und Erziehungswissenschaften tätig.

Willi Bollinger ist drei Jahre jünger als sein Bruder Heinz. Er studierte Chemie in Köln. Sein Studium erfuhr jedoch eine Unterbrechung durch den Militärdienst. Er leistet ihn in einer Saarbrücker Schreibstube im Heilig-Geist-Krankenhaus ab.

Das Gespräch am 27. Dezember 1942 beinhaltet nach den Einträgen im Tagebuch die Erörterung der Freiburger Verhältnisse. Was ist darunter zu verstehen? Heinz Bollinger hat versucht, in Freiburg einen Freundeskreis von Gleichgesinnten ins Leben zu rufen. Dazu gehören auch seine Freunde Helmut Bauer und Rudi Alt.

Die Eintragungen im Tagebuch von Willi Graf lassen zudem erkennen, dass das Gespräch mit den Gebrüdern Bollinger sehr erfolgreich verläuft. Man versteht sich rasch und wird sich einig. Beide Brüder sind bereit, bei den Aktivitäten der „Weißen Rose" mitzuwirken. In den nächsten Tagen kommt es zu weiteren Gesprächen mit den Gebrüdern Bollinger, die ebenfalls gut verlaufen.

Neben den beiden Bollingers kann Willi Graf auch Rudi Alt und Helmut Bauer für die Arbeit der „Weißen Rose" gewinnen.

Was die Einschätzung der Gefahr anbelangt, erweisen sich Aussagen der Brüder Bollinger als sehr aufschlussreich. Sie sind sich der Gefährlichkeit des Unternehmens durchaus bewusst. Da ist kein Funken Naivität in ihren Überlegungen zu entdecken. Dazu Heinz Bollinger:

„Wir hatten eine merkwürdig fatalistische Einstellung zum Sterben. Es war nur die Frage, wofür sterben wir, sterben wir für Hitler oder sterben wir gegen Hitler."[5]

Und auch Willi Bollinger macht sich keinerlei Illusionen:

„Wir waren uns durchaus bewußt, daß das, was getan werden mußte, äußerst gefährlich war und daß jeder einzelne mit sich selbst zu Rate gehen mußte, ob er bereit sei, für dieses Tun sein Leben zu opfern."[6]

Es sind aber nicht nur die Äußerungen gegenüber dem Vater auf dem abendlichen Spaziergang am 25. Dezember 1942, die Anlass zu Besorgnis geben. Willi Grafs Schwestern erleben am letzten Abend des Weihnachtsurlaubes noch etwas, was sie nachdenklich macht. Dazu die Schwester Anneliese:*(1938)*

Abb. 78: Willi Graf mit seinen Schwestern Mathilde und Anneliese

„Es gibt da eine Szene am Ende der Weihnachtsferien 1942, an die ich mich noch sehr genau erinnere. Wir saßen am Abend im Familienkreis zusammen und es gab, wie so oft, denn mein Vater war ja Leiter einer Weingroßhandlung, sehr gute Sachen zu trinken. Wir hatten alle zusammen schon kräftig Wein getrunken und als wir zu Bett gingen, kam mein Bruder in das Zimmer von meiner Schwester und mir, um uns „Gute Nacht" zu sagen. Dabei ist es plötzlich aus ihm herausgebrochen. Er schrie plötzlich auf: „Ihr werdet es noch erfahren, was sich alles ereignet hat! Aber ich kann jetzt nicht darüber sprechen!" Er machte jedenfalls, verglichen mit seiner sonst so schweigsamen Art, sehr massive Andeutungen, dass er im Osten Schreckliches erlebt hat. Mehrmals rief er: „Ihr werdet es sehen, es wird bald etwas geschehen!" Wenn ich heute über diesen Satz nachdenke, dann fällt mir auch wieder ein, dass meine Schwester und ich ihn nicht dazu ermuntert haben, uns genau zu erzählen, was da an der Front geschehen ist und was er dagegen tun könnte: Wir trauten uns das nicht! Und es war auch bereits morgens um vier Uhr. Wir waren alle müde und nicht mehr ganz nüchtern und Willi war auf einmal so, wie wir ihn überhaupt nicht kannten. Er, der mehr verhaltene, in sich gekehrte und schweigsame Bruder, durchbrach mit einem Mal diese Schwelle, um sich uns gegenüber ein Stückchen zu öffnen – mehr nicht. Mir ist das jedenfalls unglaublich präsent in Erinnerung geblieben. Ich und meine Schwester blieben natürlich höchst betroffen zurück, als er dann letztlich „Gute Nacht, schlaft gut" sagte. Es war jedenfalls etwas aus ihm herausgebrochen und heute denke ich mir, dass er seinen Schwestern eigentlich gerne gesagt hätte, was ihn bewegt hat. Denn die Aktionen der Weißen Rose waren ja bereits in vollem Gange. Hätte er uns da gerne gesagt, dass sie bereits Flugblätter machen und dass wir davon bald hören werden? Aber er hat es eben nicht gesagt."[7]

Diese emotionalen Äußerungen sind zweifelsohne Andeutungen auf die laufenden Widerstandsaktionen der „Weißen Rose“.

In den frühen Morgenstunden des 7. Januar 1943 kehrt Willi Graf nach München zurück.

Während die ersten vier Flugblätter nur eine geringe Auflagenhöhe erreichten und sich an die Bildungsbürger richteten, sollen sich bei dem geplanten V. Flugblatt deutliche Änderungen ergeben.

Anfang Januar 1943 geht es an die Erstellung eines Entwurfs, wobei Hans Scholl und Alexander Schmorell jeweils einen eigenen zu Papier bringen.

Am 11. Januar 1943 sind Willi Graf und einige andere Akteure Gäste im Atelier. Es gilt, den Gastgeber Manfred Eickemeyer zu verabschieden, der wieder ins Generalgouvernement nach Polen zurückmuss.

Willi Graf hält in seinem Tagebuch fest, dass dabei viel geredet und mancher gute Gedanke geboren wird.[8]

Es ist davon auszugehen, dass sich die guten Gedanken auf die laufenden Widerstandsaktionen beziehen.

Abb. 79: Atelier Eickemeyer (Aufnahme aus der Nachkriegszeit)

Professor Huber werden in der Folge beide Entwürfe vorgelegt. Die Fassung von Alexander Schmorell lehnt Huber rundweg ab. Er entscheidet sich für den Entwurf von Hans Scholl, den er grundsätzlich für gut befindet, den er aber in einigen Passagen abgeändert bzw. ergänzt sehen möchte, was dann auch so geschieht. Am 4. März 1943 wird Huber hierzu der Gestapo folgendes zu Protokoll geben:

„So muß ich hierzu angeben, daß Schmorell, wie in meiner letzten Vernehmung bereits erwähnt, den Entwurf nur flüchtig vorgelesen hatte. Ich konnte mich nur auf den Gesamteindruck berufen, daß der Entwurf leere, etwas kommunistische Phrasen enthielt, hinter denen gar keine leitende Idee stand. Dieser Entwurf von Schmorell kam daher für mich von vornherein nicht in Frage."[9]

Wir wissen nicht genau, wann die Endfassung des V. Flugblattes fertiggestellt war, aber es war jedenfalls spätestens am 13. Januar 1943. An diesem Tag schreibt Willi Graf in sein Tagebuch:

„Besuch bei Hans, auch am Abend bin ich noch dort, wir beginnen wirklich mit der Arbeit, der Stein kommt ins Rollen."[10]

Gemeint ist damit vor allem die Vervielfältigung des V. Flugblattes.

Noch immer wird Willi Graf zeitweilig von Zweifeln geplagt, ob der eingeschlagene Weg wirklich richtig und sinnvoll ist. Schon einen Tag nach dem wichtigen Treffen, notiert er in seinem Tagebuch:

„Viel Zeit geht damit vorbei, daß ich mich mit dem Plan beschäftige. Ob das der richtige Weg ist? Manchmal glaube ich es sicher, manchmal zweifle ich daran. Aber trotzdem nehme ich es auf mich, wenn es auch noch so beschwerlich ist.“[11]

In seine Gefühlslage und die damit verbundenen quälenden Fragen können wir uns durchaus hineinversetzen. Sind Flugblätter wirklich das geeignete Medium, um die Öffentlichkeit wachrütteln zu können? Ist es überhaupt möglich, die Leute zu mobilisieren? Steht das Risiko für Leib und Leben wirklich noch in einem vertretbaren Verhältnis zu den Erfolgsaussichten der Aktion? Welchen Gefahren und Drangsalen setze ich meine Familie aus? Es sind Fragen, auf die jedes Mitglied selbst Antworten für sich finden muss.

Im Unterschied zu den ersten vier Flugblättern richtet sich das V. Flugblatt nun an die breite Öffentlichkeit. Es wird eine allgemein verständliche Sprache gewählt, und es läuft auch nicht mehr unter dem Namen „Weiße Rose“, sondern trägt nun den Titel „Flugblätter der Widerstandsbewegung in Deutschland“. Die Mitglieder der „Weißen Rose“ haben sich damit quasi zum Sprachrohr einer ganzen Bewegung im Deutschen Reich ernannt.

„Hitler kann den Krieg nicht gewinnen, nur noch verlängern!“, so lautet die bereits im ersten Absatz gesperrt geschriebene Kernaussage. Die Verfasser fordern die Leserschaft auf, sich von allem zu trennen, was mit dem Nationalsozialismus zusammenhängt. Nie mehr dürfe ein einseitiger preußischer Militarismus zur Macht gelangen. Erstaunlich sind auch die Überlegungen im Flugblatt zu einem föderalistischen System Deutschland, zu Europa und zu den Grundrechten wie Rede- und Bekenntnisfreiheit. Sie zeugen vom politischen Weitblick der Verfasser, insbesondere von Professor Kurt Huber. Es empfiehlt sich jedenfalls, das V. Flugblatt ganz zu lesen (siehe Anhang).

Insgesamt können über 6.000 Exemplare in mühsamer Arbeit durch die Geschwister Scholl, Alexander Schmorell und Willi Graf vervielfältigt werden.

Die Texte müssen mit Schreibmaschine auf Matrizen getippt und dann mit dem neuen und leistungsfähigeren Vervielfältigungsapparat der Fa. Roto händisch abgezogen werden. Mit einer Matrize lassen sich nur wenige Hundert Exemplare herstellen.

Abb. 80: Vervielfältigungsapparat der Fa. Roto

Abb. 81: Vervielfältigung der Flugblätter (Szene aus dem Spielfilm „Die Weiße Rose")

Das Flugblatt wird unters Volk gebracht...

Die Verbreitung des Flugblattes ist ein eigenes und zudem waghalsiges Unternehmen.

Am 20. Januar 1943 startet Willi Graf zu einer Reise, u.a. ins Rheinland. Dabei sollen wiederum neue Helferinnen und Helfer angeworben werden.

Die Reise im Zug ist riskant. In seinem Rucksack führt er ein zerlegtes Vervielfältigungsgerät für die Gebrüder Bollinger mit und auch schon Exemplare des V. Flugblattes. Eine Kontrolle im Zug und alles würde auffliegen. Gott sei Dank entgeht Willi Graf erfolgreich den Kontrollen.

Am 21. Januar 1943 sucht er zunächst auf Vermittlung von Heinz Bollinger in Köln Kaplan Dr. Franz Tack auf. In seinem Tagebuch schreibt Willi Graf von einem interessanten Besuch, was darauf schließen lässt, dass Tack ihm seine grundsätzliche Bereitschaft zur Mitwirkung signalisiert.

Nachmittags schließt sich ein Besuch bei seinem Freund Hein Jacobs in Bonn an. Hier verläuft die Begegnung enttäuschend. Jacobs erscheint das Unternehmen verfrüht und zu riskant.

Am darauffolgenden Tag geht die Fahrt weiter in seine Heimatstadt Saarbrücken. Seine Familie besucht er dabei nicht, sondern er trifft sich mit Willi Bollinger und überlässt ihm das Vervielfältigungsgerät und ein Exemplar des Flugblattes. Willi Bollinger leistet nicht nur mit der Vervielfältigung und Verteilung des Flugblattes im Saarland wertvolle Dienste, sondern er stellt Willi Graf auch gefälschte Urlaubs- und Militärfahrscheine aus. Dies erleichtert die Reisen von Willi Graf deutlich. Schließlich versorgt er die „Weiße Rose" auch mit Pistolen, die er verwundeten Soldaten abnimmt.

Anschließend ist Willi Graf bei der Familie Mauer, die ebenfalls keine Ambitionen für eine Mitarbeit zeigt. Das Gespräch ist am Schluss unerquicklich, so Willi Graf.

Am 23. Januar 1943 setzt er sich in den Zug und fährt über Straßburg nach Freiburg. Dort trifft er weder Heinz

Bollinger, noch Rudi Alt an. Am Abend findet aber noch ein langes Gespräch mit Helmut Bauer statt. Letztendlich kommt es zu keiner Zusammenarbeit, weder mit Helmut Bauer, noch mit Rudi Alt. Heinz Bollinger hält sich derweil in Ulm auf, wie Willi Graf in Erfahrung bringt.

Und so fährt er am nächsten Tag nach Ulm. Es kommt dort zu einem Gespräch mit Bollinger und Professor Max Müller, bei dem sich Bollinger aufhält. Müller hatte sich 1937 an der Universität Freiburg als Dozent für Philosophie habilitiert, war dann aber wegen weltanschaulicher und politischer Unzuverlässigkeit von der Universität verwiesen worden. Von diesem Gespräch in Ulm existiert ein aufschlussreiches Protokoll:

„Bei dieser Begegnung Max Müllers mit Graf, die die einzige blieb, wurden offene politische Gespräche geführt. Graf warf Müller und den Freiburgern überhaupt... vor: „Ihr redet nur, es muß etwas getan werden!" Müller meinte, es sei noch zu früh, um mit Handeln etwas zu erreichen, das Volk müsse erst drei oder vier Katastrophen wie Stalingrad erleben, um aufgerüttelt zu werden. Er warnte vor allzu gewagten Unternehmungen, wozu er auch das Verteilen der Flugblätter rechnete."[12]

Heinz Bollinger begleitet Willi Graf noch zum Bahnhof in Ulm. Dort übergibt ihm Willi Graf das V. Flugblatt. Die Reaktion Bollingers fällt enttäuschend aus. Auch er hält die Flugblattaktion für verfrüht mit den Worten:

„Es müssen erst noch mehr Bomben fallen, ehe dieses blöde Volk etwas kapiert."[13]

Am 25. Januar 1943 kehrt Willi Graf nach München zurück.

Alexander Schmorell setzt sich am darauffolgenden Tag in den Zug. Salzburg, Linz und Wien sind seine Ziele. Ohne Probleme erreicht er am Ende Wien und wirft dort 1.000 verpackte Flugblätter für Wiener Adressen und 300 für Frankfurter Adressen in Briefkästen. Auch er entgeht glücklicherweise Kontrollen.

Sophie Scholl sorgt für die Verteilung in Augsburg, Stuttgart und Ulm. Dazu fährt sie am 25. Januar 1943 mit dem Schnellzug nach Augsburg. In einer Aktentasche führt sie ca. 250 mit Augsburger Adressen kuvertierte Flugblätter mit sich. Sie steckt dort die Umschläge in verschiedene öffentliche Briefkästen. Abends ist sie zurück in München.

Wenige Tage später fährt sie in ihre Heimatstadt Ulm. Dort trifft sie sich mit Hans Hirzel, der rund 2.000 Flugblätter für die Verteilung in Stuttgart übernimmt, die allerdings teilweise noch postfertig gemacht werden müssen. Sophie Scholl ist heilfroh, als alles abgeliefert ist, und sie gefahrlos die Rückreise antreten kann.

Hans Hirzel kann seinen Freund und Klassenkameraden Franz Josef Müller zur Mithilfe gewinnen. Müller besorgt Geld für Briefumschläge und Briefmarken.

Immer wieder hilft Hans Hirzel als Organist in der Martin-Luther-Gemeinde seines Vaters in Ulm aus. Daher besitzt er auch einen Schlüssel zur Kirche.

Abb. 82: Martin-Luther-Kirche Ulm, erbaut 1928 (Foto aus dem Jahr 2022)

Hinter der großen Kirchenorgel gibt es einen Raum, den die beiden jungen Widerständler für die Adressierung und Verpackung der Flugblätter in die Kuverts nutzen. Hin und wieder spielt Hirzel auch ein Orgelstück zur Tarnung. Im westlichen Treppenhaus der Martin-Luther-Kirche in Ulm gibt es heute eine Erinnerungsstätte für die Ulmer Schülergruppe der „Weißen Rose", die daran erinnert. Das Holztischchen, auf dem die Schreibmaschine stand, ist noch im Original erhalten.

Abb. 83: Blick in die Orgelkammer der Martin-Luther-Kirche, in der das V. Flugblatt der „Weißen Rose" kuvertiert und adressiert wurde (Foto aus dem Jahr 2022).

Als alles fertig ist, besucht Hans Hirzel am 27. Januar 1943 seine Schwester Susanne in Stuttgart, die dort Musik studiert. Ihr gibt er die kuvertierten und frankierten Flugblätter. Als sie das Flugblatt der Münchner liest, überfällt sie die nackte Angst.

Susanne Hirzel verteilt sie dennoch noch in der Nacht in Stuttgart in mehrere öffentliche Briefkästen. Ulm selbst wird nicht mit Flugblättern bedacht, um ja keinen Verdacht auf die Akteure und deren Familien zu lenken.

In der Nacht vom 28. auf den 29. Januar 1943 ziehen Hans Scholl, Alexander Schmorell und Willi Graf abends gegen 23 Uhr los, jeder in einen anderen Stadtteil von München. Sie tragen jeweils ca. 500 Flugblätter bei sich. Sie legen sie in Straßen, vor Hauseingängen und sogar in Hinterhöfen ab. Das Unternehmen ist enorm risikobehaftet. Auf diese Art können sie aber mehr Menschen erreichen und sparen daneben das Porto und die Briefumschläge.

Die Aktion bleibt für die Gestapo nicht ohne Folgen. Robert Mohr, damals Kriminalobersekretär bei der Gestapo in München, schreibt nach Kriegsende auf Wunsch von Robert Scholl seine Erinnerungen an die „Weiße Rose" nieder. Darin heißt es:

„Am folgenden Vormittag zwischen 10 und 11 Uhr erhielt ich in meinem Zimmer im Wittelsbacher Palais die telef. Aufforderung, sofort zum Chef – Oberregierungsrat Schäfer – zu kommen. Als ich wenig später nichtsahnend dort eintraf, fand ich Herrn Schäfer an seinem Schreibtisch, hinter einem Berg der

vorerwähnten Flugblätter, die inzwischen in der Stadt eingesammelt wurden und hier aufgestapelt waren.

Nach kurzer Information erhielt ich den Auftrag, alle anderen Arbeiten zu übergeben oder wenn nicht dringlich, liegen zu lassen, um sogleich mit mehreren Beamten die Fahndungstätigkeit nach den Urhebern dieser Flugblätter aufzunehmen. Zugleich wurde mir mitgeteilt, daß diese Flugblatt-Aktion größte Beunruhigung hervorgerufen habe und daß demgemäß die höchsten Stellen von Partei und Staat an einer möglichst baldigen Aufklärung interessiert seien. Dieses begreifliche Interesse wurde schließlich auch dadurch unterstrichen, daß fast täglich maßgebende Persönlichkeiten vorsprachen, um sich über den Stand der Dinge zu informieren.

Fast um die gleiche Zeit sind Flugblätter ähnlichen oder gar gleichen Inhalts in größerer Anzahl per Post in Stuttgart, Augsburg, Wien und, glaub' ich, in Salzburg und Innsbruck aufgetaucht, weshalb es zuerst ungewiß war, an welchem dieser Orte die Hersteller und Verbreiter zu suchen waren. Große Wahrscheinlichkeit sprach für München als Ausgangspunkt, weil hier die überaus große Zahl von Flugblättern ausgestreut wurde, während an den anderen Orten die Übermittlung per Post erfolgte."[14]

Um die weiteren Schritte verstehen zu können, ist es unumgänglich, nunmehr zwei kleine Kapitel einzuschieben.

16 Eklat im Deutschen Museum

Die Ludwig-Maximilians-Universität in München wird im Kriegsjahr 1942 stolze 470 Jahre alt. Aus diesem Anlass findet am 13. Januar 1943 eine Feierstunde im Großen Saal des Deutschen Museums statt. Die Teilnahme ist für die gesamte Studentenschaft Pflicht.

Abb. 84: Paul Giesler

Paul Giesler hält bei dieser Feier die Festrede. Er ist seit Juni 1942 kommissarischer Gauleiter von München-Oberbayern und ebenso kommissarischer Ministerpräsident von Bayern. Als fanatischer Nazi geht er gegen andere brutal und rücksichtslos vor. Noch kurz vor Kriegsende fordert er: *„Der Hass muss freie Bahn haben. Unsere hasserfüllte Gesinnung muss dem Gegner wie eine versengende Glut entgegenschlagen.“*[1]

Zum Eklat kommt es dann während der Festrede Gieslers, in der er sagt, die Mädchen sollen nicht so viel studieren, sondern lieber dem Führer in jedem Jahr ein Kind schenken. Den Studentinnen, die nicht hübsch genug seien, einen Mann abzubekommen, würde er gerne einige seiner Adjutanten zuweisen und er könne ihnen dann ein freudiges Erlebnis versprechen.

Lautstarke Proteste beginnen aufzubranden. Die NS-Studentenschaft nimmt mit Hilfe der Polizei 20 Studentinnen fest. Es brechen Schlägereien aus. Mitglieder der Studentenkompanie nehmen kurzerhand einen NS-Studentenführer als Geisel, mit der sie die Freilassung der Studentinnen erzwingen wollen, was dann auch Erfolg zeigt.

Abb. 85: Szene aus dem Spielfilm „Die Weiße Rose"

Obwohl Anwesenheitspflicht der Studenten herrscht, bleiben die Kernmitglieder der „Weißen Rose" der Veranstaltung fern. Sie erfahren hinterher von Anneliese Graf, Gisela Schertling, die inzwischen die Freundin von Hans Scholl ist, und Katharina Schüddekopf, was vorgefallen ist. Wie sehr der Auftritt Gieslers und die daraus resultierende Studentenrevolte Anneliese Graf in Rage versetzt, geht aus dem Tagebucheintrag von Willi Graf vom 13. Januar 1943 hervor:

„Ich erkenne Anneliese kaum wieder, da sie am Abend aus der Studentenkundgebung im Deutschen Museum wiederkommt."[2]

Dieser Eklat verleiht dem Widerstandswillen der Studenten der „Weißen Rose" einen weiteren kräftigen Schub, spüren sie doch jetzt, dass die Studentenschaft ebenso zum Widerstand bereit sein könnte.

17 Die Niederlage von Stalingrad

Als eine große Wende im Krieg gilt bis heute die Schlacht um Stalingrad.

Ende August 1942 erreichen die deutschen Truppen diese strategisch wichtige Stadt, die sie zunächst sogar innerhalb von drei Monaten zu rund 90 % einnehmen können.

Aber Hitler und seine Truppen unterschätzen den Durchhaltewillen und die Schlagkraft der Roten Armee vollkommen. So gelingt es ihr mit einer groß angelegten Gegenoffensive im November 1942, General Friedrich Paulus und seine 6. Armee innerhalb kurzer Zeit einzukesseln. Hinzu kommt, dass der Nachschub aus dem Deutschen Reich nicht in der Lage ist, die täglich benötigten Tonnen an Material bereitzustellen. Es mangelt u.a. an Munition, Treibstoff und Medikamenten. Es fehlt zudem an Lebensmitteln. Viele deutsche Soldaten sind dem Hunger- und auch dem Kältetod ausgesetzt, denn der Winter setzt in diesem Jahr früher als sonst ein. Darauf sind die deutschen Truppen allenfalls mangelhaft vorbereitet.

Einem Ausbruchversuch aus der Einkesselung versagt Hitler die Zustimmung.

Es kommt, was unter diesen Umständen kommen muss. Am 31. Januar 1943 kapituliert die 6. Armee.

Abb. 86: General Paulus gerät am 31. Januar 1943 in sowjetische Kriegsgefangenschaft.

Über 90.000 deutsche Soldaten kommen in Gefangenschaft, die die meisten von ihnen nicht überleben. Nur rund 6.000 können später nach Deutschland zurückkehren.

Abb. 87: Kolonne deutscher Kriegsgefangener

Hitler bekommt einen Tobsuchtsanfall, als er von der Kapitulation der 6. Armee erfährt.

Abb. 88: Stadtzentrum von Stalingrad nach der Befreiung

Eine solche Niederlage kann selbst die nationalsozialistische Presse und der Rundfunk dem Volk nicht mehr verheimlichen. Im Volksempfänger ist am 3. Februar 1943 folgende Meldung zu hören:

„Aus dem Führerhauptquartier, 3. Februar 1943. Das Oberkommando der Wehrmacht gibt bekannt: Der Kampf um Stalingrad ist zu Ende. Ihrem Fahneneid getreu ist die 6. Armee unter der vorbildlichen Führung des Generalfeldmarschalls der Übermacht des Feindes und der Ungunst der Verhältnisse erlegen. Ihr Schicksal wird von einer Flak-Divison der Deutschen Luftwaffe, zwei rumänischen Divisionen und einem kroatischen Regiment geteilt, die in treuer Waffenbrüderschaft mit

den Kameraden des deutschen Heeres ihre Pflicht bis zum Äußersten getan haben. Unter der Hakenkreuzflagge, die auf der höchsten Ruine von Stalingrad weithin sichtbar gehisst wurde, vollzog sich der letzte Kampf. Generale, Offiziere, Unteroffiziere und Mannschaften fochten Schulter an Schulter bis zur letzten Patrone. Das Opfer der Armee war nicht umsonst. Sie starben, damit Deutschland lebe."[1]

Den Mitgliedern der „Weißen Rose" wird rasch klar, dass nun bei sehr vielen Deutschen der Glaube an den Endsieg ins Wanken geraten könnte. Kann es gelingen, den Krieg bald zu beenden?

18 Das VI. Flugblatt

Die Niederlage von Stalingrad beflügelt die Studenten, ihre Widerstandsaktivitäten zu verstärken. Sie hoffen, dass Stalingrad weite Teile der Bevölkerung in ihrem Glauben an den Endsieg zu erschüttern vermag. Die Erfolgsaussichten weiterer Aktionen scheinen daher so gut wie noch nie zu sein. Auch bei den Kommilitoninnen und Kommilitonen hoffen sie durch den peinlichen Auftritt Gieslers und die dadurch entstandenen Emotionen punkten zu können.

Als Elisabeth Scholl von Ende Januar bis 5. Februar 1943 ihre Geschwister in München besucht und mit Sophie einen Spaziergang im Englischen Garten unternimmt, macht Sophie eine Bemerkung, dass etwas getan werden müsse, etwa Maueraufschriften anzubringen. Sophie sagt dabei:

„Mit Teerfarbe muss man so etwas machen.“[1]

Auf den Einwand von Elisabeth, dass das aber wahnsinnig gefährlich sei, meint Sophie nur:

„Die Nacht ist des Freien Freund.“[2]

Sophie Scholl scheint genau zu wissen, was geschehen wird.

In der Nacht vom 3. auf den 4. Februar 1943 nutzen Hans Scholl und Alexander Schmorell die Gunst der Stunde und machen sich auf den Weg. Es ist strittig, ob auch Willi Graf mit dabei ist. Beweise dafür gibt es nicht.

In der Wohnung von Lilo Fürst-Ramdohr hat Alexander Schmorell zuvor Schablonen „Nieder mit Hitler“ hergestellt. Diese nehmen die beiden mit, ebenso wie einen Eimer Teerfarbe und einen Pinsel.

Die Gruppe schreibt Parolen wie „Nieder mit Hitler“, „Freiheit“, und „Hitler, der Massenmörder“ mit schwarzer Teerfarbe an die Wand der Universität und an Hauswände der Innenstadt von München.

Auch die Feldherrnhalle kommt ins Visier. Es ist ein „Heiligtum“ der Nationalsozialisten, denn hier endete im Kugelhagel der Polizei der Putschversuch von 1923. Sie steht unter Bewachung. Hans Scholl trägt zu diesem Zeitpunkt eine Pistole mit sich.

Abb. 89: Feldherrnhalle in München

Die Überraschung am nächsten Morgen ist groß. Elisabeth Scholl erzählt:

„Am nächsten Morgen ging ich mit Sophie und Hans in die Uni, um einer Vorlesung von Professor Huber über Leibniz zu hören. Neben dem Eingang der Universität stand eine große Ansammlung und Studenten und starrte an die Mauer. Als wir näher kamen, sahen wir an dieser Mauer in über einen Meter großen Buchstaben in schwarzer Farbe des Wort FREIHEIT angeschrieben. Mehrere Putzfrauen waren emsig bemüht, diese Anschrift abzuschrubben. Ein älterer Student sagte zu Sophie: „Diese Schweinehunde!" Hans drängte darauf, dass wir weitergingen, indem er sagte: „Wir wollen nicht auffallen." Im Weggehen sagte Sophie leise zu mir: „Da können sie lange schrubben, das ist Teerfarbe."[3]

Abb. 90: Entfernung der Aufschrift „Nieder mit Hitler" (Szene aus dem Spielfilm „Die Weiße Rose")

Als Falk Harnack die Studenten verabredungsgemäß am 8. Februar 1943 in München besucht, ist er über eines mehr als nur verwundert:

„Ausgesprochen entsetzt war ich aber von der Leichtsinnigkeit, mit der sie ihren illegalen Kampf führten. So befanden sich in der Wohnung in der Franz-Joseph-Strasse nicht nur die Manuskripte ihrer Flugblätter, der Abzugsapparat, die Adressenverzeichnisse, sondern gleichzeitig traf sich hier der Münchner Studentenkreis fast täglich.“[4]

Diese Beobachtung zeigt einerseits die hohe Risikobereitschaft der Studenten, andererseits ihre nur sehr geringe logistische Professionalität. Mit diesem unbekümmerten Vorgehen fordern die Studenten fast schon ihr Auffliegen und damit ihren Tod heraus.

Am darauffolgenden Tag kommt es zum Gespräch mit Professor Huber, Alexander Schmorell, Hans Scholl, Willi Graf und Gisela Schertling. Dabei wird die politische und wirtschaftliche Gestaltung eines Nachkriegsdeutschlands kontrovers diskutiert. In einem Nachgespräch mit Hans Scholl und Alexander Schmorell wird Harnack auch über die beabsichtigte Aktion in der Universität unterrichtet. Es wird ein weiteres Gespräch vereinbart. Treffunkt: 25. Februar 1943, 18.30 Uhr, Gedächtniskirche in Berlin! Für diese Zusammenkunft plant Harnack eine Begegnung mit den Brüdern Bonhoeffer.

In der Nacht vom 8. auf den 9. Februar 1943 wiederholen die Freunde die gefährliche Aktion mit den Parolen an den Fassaden von Gebäuden. Diesmal ist Willi Graf definitiv mit von der Partie. Das Verhörprotokoll vom 2. März 1943 schildert den Verlauf aus der Sicht von Willi Graf:

„Wir gingen von der Wohnung Scholl aus durch die Franz-Joseph-Straße – Leopoldstraße zur Universität, wo Scholl sofort begann, am Eingang (Ludwigsstraße) die bekannten Aufschriften anzuschmieren. Meines Wissens hat er vier oder fünf Mal mit sehr großen Buchstaben das Wort „Freiheit" angeschrieben. Während der Tätigkeit des Scholl ging ich vor dem Brunnen bzw. der Anlage vor dem Universitäts-Eingang auf und ab, um Scholl vor einer etwaigen Überraschung zu schützen."[5]

Auch bei diesen Aktionen bleiben die Freunde unentdeckt.

Es sind wohl die Eindrücke von Stalingrad und von der Studentenrevolte im Deutschen Museum, die nun zur Verwirklichung des VI. Flugblattes führen. Die vermeintlich schlechte Stimmung in der Bevölkerung muss ausgenutzt werden. Diesmal gibt es für den Entwurf nur einen Autor: Professor Kurt Huber.

Adressat soll die Studentenschaft sein. Der Entwurf von Huber findet die grundsätzliche Zustimmung von Hans Scholl und Alexander Schmorell. Nur über einen Passus kommt es zu einer heftigen Auseinandersetzung:

„Stellt euch weiterhin geschlossen in die Reihen unserer herrlichen Wehrmacht."

Schmorell und Scholl sind keinesfalls bereit, den Hinweis auf die „herrliche Wehrmacht" mitzutragen. In diesem Punkt sind die beiden Studenten in Anbetracht der Verbrechen der Wehrmacht im Recht.

Dennoch ist Huber maßlos enttäuscht, und der Streit nagt an den Freundschaftsbanden zwischen ihm und den Studenten. Jedenfalls ändern die beiden angehenden Mediziner diesen Passus, ohne die Zustimmung von Huber.

Das VI. Flugblatt ist wiederum ein Meisterwerk. Es nimmt Bezug auf die Niederlage von Stalingrad. Hitler wird in diesem Zusammenhang sogar als Dilettant bezeichnet. Auch die Ereignisse im Deutschen Museum thematisiert Huber in seinem Entwurf.

Am 12. Februar 1943 wird das VI. Flugblatt in der Wohnung der Geschwister Scholl gedruckt. Zunächst werden ca. 2.000 Exemplare hergestellt. Am 15. Februar 1943 ist der Großteil davon kuvertiert, adressiert und frankiert. Abends gegen 23 Uhr machen sich Hans Scholl, Alexander Schmorell und Willi Graf auf den Weg und werfen die versandfertigen Flugblätter in die Briefkästen von verschiedenen Postämtern in der Münchner Innenstadt.

Den Rückweg nutzen die drei Studenten, um wieder mit Teerfarbe Parolen an den Wänden von Häusern anzubringen.

Jürgen Wittenstein, ihr Kamerad in der Studentenkompanie, kann wohl ein Verständnis nicht ganz versagt werden, wenn er in einem Nachkriegsinterview zu diesen Aktionen seine Bedenken äußert:

„Es gab einiges, was meiner Ansicht nach zu gefährlich war, eben diese Mauerparolen, die natürlich enormen Eindruck machten. Aber das Risiko, entdeckt zu werden, war unverhältnismäßig groß. Es brauchte ja nur eine Streife vorbeizukommen, deren es unzählige gab, und man war geschnappt. Aus war es dann mit allem!"[6]

Es gibt Hinweise, dass Hans Scholl in dieser Zeit Aufputschmittel in größerem Umfang konsumierte. Zu groß war einfach die Belastung durch Widerstandstätigkeiten, Vorlesungen und Kasernendienst einerseits und durch die Angst vor der Verfolgung durch die Gestapo andererseits.

19 Der verhängnisvolle 18. Februar

Flugblätter in der Universität auszulegen, beinhaltet ein unkalkulierbares und extrem hohes Risiko. Bevor wir aber zu den eigentlichen Ereignissen des 18. Februar 1943 kommen, sind zum Verständnis noch einige Begebenheiten aus den letzten Tagen davor zu nennen.

Buchautor Hermann Vinke berichtet darüber (s. Literaturverzeichnis), dass Hans Scholl noch am 16. Februar 1943 mit Buchhändler Söhngen über das Flugblatt und die Absicht, es in den nächsten Tagen an der Universität in Umlauf zu bringen, spricht. Söhngen rät ihm dringend davon ab, da er als Verteiler anonym bleiben soll, aber Hans Scholl ignoriert den Rat, wie Söhngen berichtet:

„Hans Scholl antwortete mir darauf, er sei darüber orientiert, dass die Gestapo ihn verfolge und, da ihn sein Gewährsmann dahin unterrichtete, seine Verhaftung in diesen Tagen erfolgen dürfte. Dann müsse er noch einmal aktiv sein, ehe er ‚unschädlich' gemacht würde."[1]

Einen Tag später, am 17. Februar 1943, muss Hans Hirzel zu einem Verhör zur Gestapo in Ulm. Zwei Hitlerjungen, die er zur Mitarbeit gewinnen wollte, hatten ihn angezeigt. Obwohl Hans Hirzel selbst es später bestreitet, scheint er bei der Vernehmung auch den Namen Sophie Scholl zu erwähnen.

So richtig ernst nimmt ihn die Gestapo offenbar nicht. Hans Hirzel wird jedenfalls wieder auf freien Fuß gesetzt und sucht danach die Wohnung der Familie Scholl am Münsterplatz in Ulm auf. Dort trifft er Inge Scholl an, die er inständig bittet, sofort nach München zu fahren, mit Hans Verbindung aufzunehmen, um ihm zu bestellen, das Buch „Machtstaat und Utopie“ sei vergriffen. Offensichtlich ist dieses Codewort zwischen Hans Hirzel und Hans Scholl als Warnung vereinbart. Abends kann Inge Scholl Otl Aicher in München telefonisch erreichen, der sich zu diesem Zeitpunkt bei Carl Muth aufhält und der von dort aus gleich Hans Scholl anruft:

„Ich rief Hans an, sagte ihm, dass ich ihm eine wichtige Mitteilung machen müsse. Wir verabredeten uns für den nächsten Tag auf 11 Uhr in seiner Wohnung Franz-Joseph-Str. 13.“[2]

Was die Ereignisse des 18. Februar 1943 betrifft, scheint eine Schilderung von Lilo Fürst-Ramdohr ebenfalls noch von Relevanz zu sein. In einem Interview mit der Süddeutschen Zeitung vom 9. Mai 2011 beschreibt sie, welche Gefühle und Ängste sie bzw. Alexander Schmorell im Vorfeld dieser hochgefährlichen Aktion bei den Akteuren wahrnahm:

„Sophie hatte wahnsinnige Angst um ihren Bruder Hans, das war eine unheimlich große Schwesterliebe. Deshalb ist sie auch mit ihm damals in die Uni gegangen, obwohl schon alle ein schlechtes Gefühl vorher hatten...

Sie ahnten, dass die Gestapo schon hinter ihnen her ist. Vor lauter Angst hat Sophie am Ende mit Hans in einem Bett geschlafen, hat Alex erzählt...“[3]

Sie berichtet außerdem darüber, dass im Vorfeld konträr darüber diskutiert wurde, wer außer Hans Scholl noch zur Universität mitgehen soll:

„Ursprünglich sollte Christoph Probst mit Hans die Flugblätter verteilen. Das wurde verworfen, weil Christophs Frau ein Kind erwartete, dass er geht, käme nicht in Frage, soll Sophie gesagt haben. Dann hieß es: Alex soll mit Hans gehen. Alex kam zu mir und wollte meinen Rat. Ich sagte Alex: ‚Das ist zu gefährlich. Du bist Halb-Russe, bring dich nicht so in Gefahr.' Ich habe Alex vorgeschlagen, Schmiere zu stehen und so machten sie es auch."[4]

Nun scheint für das Hochrisikounternehmen alles geplant zu sein.

Abb. 91: Franz-Joseph-Str. 13 in München

Donnerstag, 18. Februar 1943! Hans und Sophie Scholl schlafen noch bis etwa 9 Uhr. Gegen 10 Uhr packen sie ca. 1.500 bis 1.800 des VI. bzw. Reste des V. Flugblattes in einen Koffer und eine Aktentasche. Eine halbe Stunde später verlassen die Geschwister die Wohnung in der Franz-Josef-Str. 13.

Zielstrebig führt ihr Weg zur Universität.

Abb. 92: Ludwig-Maximilians-Universität in München (2022)

Dort treffen die beiden auf Willi Graf und Traute Lafrenz:

„Ich war mit Willi Graf in einer Vorlesung von Professor Huber. Wir verließen sie kurz vor Ende, weil wir rechtzeitig zu einer anderen Vorlesung in der Nervenklinik erscheinen mussten. Nachdem wir die Saaltür hinter uns geschlossen hatten, begegneten wir Sophie und Hans mit einem Koffer in der Hand. Da wir vorhatten, am kommenden Wochenende, also in zwei Tagen, gemeinsam nach Ulm zu fahren, fragte ich Sophie: ‚Macht ihr heute schon blau?' Vielleicht habe ich es auch anders formuliert, ich weiß es nicht mehr genau. Sophie und Hans haben jedenfalls daraufhin nicht viel gesagt. Ich erinnere mich nur noch an die letzten Worte von Sophie: ‚Ja, die Skistiefel, wenn ich heute Nachmittag nicht zu Hause bin, die Skistiefel, die stehen hinten auf der Ablage; die kannst du dann einfach mitnehmen. Ja.' Anschließend verabschiedeten Willi und ich uns von den beiden

Geschwistern, wir mussten ja rechtzeitig in der Pettenkoferstraße sein. Ich weiß nicht, ob Willi etwas wusste und nur nichts sagte, das kann ich nicht beurteilen. Jedenfalls machte er mir gegenüber keine Andeutungen. Ich fragte Willi, was sie denn mit dem Koffer vorhätten, aber er gab mir keine Antwort."[5]

Die Vorlesungen sind in vollem Gange und die Flure menschenleer. Und so legen sie die Flugblätter in den Fluren und vor den Hörsälen aus. Sie müssen sich beeilen. Als sie die Universität bereits wieder durch den Hintereingang verlassen haben, kommt der Gedanke auf, die übriggebliebenen Exemplare noch im Lichthof der Universität auszustreuen. So gehen sie von der Straße aus wieder in die Universität, um noch die restlichen Flugblätter auszulegen. Laut Hockerts ist es Sophie Scholl, die den Restexemplaren einen Schubs gibt, so dass diese vom 2. Stock aus in den Lichthof flattern.

Abb. 93: Lichthof der Ludwig-Maximilian-Universität in München (2022)

Damit beginnt das Verhängnis, denn zwei wache Augen beobachten sie dabei, nämlich die des Hausmeisters Jakob Schmid.

Abb. 94: Hausmeister Jakob Schmid (Aufnahme vom Februar 1947)

Alle Ausgänge der Universität werden umgehend geschlossen, und die von der Universitätsleitung herbeigerufene Gestapo verhaftet Hans und Sophie Scholl.

Abb. 95: Verhaftung und Abtransport der Geschwister Scholl (Szene aus dem Spielfilm „Die Weiße Rose")

Robert Mohr von der Gestapo berichtet dazu:

„Mitten in diese Ermittlungstätigkeit kam am Vormittag des 18.2.43, etwa um 11 Uhr, von der Universität die telefonische Mitteilung, daß dort kurz vorher von der Balustrade des Lichthofes eine große Zahl von Flugblättern heruntergeworfen worden sei und daß 2 Personen festgehalten werden würden, die vermutlich als die Verbreiter in Frage kämen.
Als ich wenig später in das Vorzimmer des Rektorates geführt wurde, waren auch hier auf einem kleinen Tisch Flugblätter der bekannten Art, allerdings mit der Überschrift „Kommilitoninnen-Kommilitonen", die man eben im Lichthof eingesammelt hatte, angehäuft. Im gleichen Zimmer befanden sich ein junges Fräulein und ein junger Herr, die mir als die vermutlichen Verbreiter der Flugblätter bezeichnet wurden. Ein Bediensteter der Universität (Schmitt) wollte die beiden in der Nähe der Abwurfstelle gesehen haben. Beide, vor allem das Fräulein, machten einen absolut ruhigen Eindruck und legitimierten sich schließlich durch Vorzeigen ihrer Studenten-Ausweise als das Geschwisterpaar Sophie und Hans Scholl.

Beide wurden mittels Kraftwagen zur Staatspolizei verbracht…"[6]

Indessen trifft Otl Aicher zum vereinbarten Zeitpunkt in der Franz-Joseph-Str. 13 niemanden an, weshalb er nach einer halben Stunde erneut die Wohnung der Geschwister Scholl aufsucht:

„Um 11 Uhr fand ich die Wohnung verschlossen. Nach einer halben Stunde kam ich wieder. Mich empfing die Gestapo. Ich

wurde untersucht, war dann etwa eine Stunde Zeuge, wie die Gestapo die Wohnung durchsuchte.“[7]

Hans Scholl beging bei der Aktion in der Universität eine kaum verzeihbare Unachtsamkeit. Er trug den von Christoph Probst handgeschriebenen Entwurf des nächsten Flugblattes bei sich. Er versuchte zwar, ihn noch zu vernichten, aber schließlich geriet er doch in die Hände der Gestapo.

Es ist wohl nur noch eine Frage der Zeit, bis alle anderen Mitglieder der „Weißen Rose“ und das Umfeld in den Fokus der Gestapo kommen. Alexander Schmorell hat vor der Universität Schmiere gestanden und flüchtete danach. Lilo Fürst-Ramdohr:

„Alex hatte das mitbekommen. Er ging danach erst mal zu seinem Vater und dann zu mir. Er kam die Treppe hoch, grau und unrasiert war sein Gesicht. Er sagte: ‚Jetzt haben sie Hans und Sophie weggebracht.‘ Ich habe ihm noch geholfen, zu fliehen. Leider hat es nicht geklappt.“[8]

Nun überschlagen sich die Ereignisse!

20 Der erste Prozess am 22. Februar 1943

Die Geschwister Scholl werden ins Wittelsbacher Palais, der Zentrale der Gestapo, gebracht.

Abb. 96: Wittelsbacher Palais (Flugaufnahme aus dem Jahr 1933)

Wie bereits erwähnt, wird in ihrer Wohnung eine Hausdurchsuchung durchgeführt. Hierbei erfolgt die Beschlagnahme von belastendem Material, darunter auch Briefe von Christoph Probst. Ein Schriftvergleich mit dem Flugblattentwurf, den Hans Scholl bei der Verhaftung bei sich trug, ergibt eine Übereinstimmung der Handschrift. Damit ist es auch um Christoph Probst geschehen, den die „Weiße Rose" wegen seiner kleinen Kinder immer schonen wollte.

Am Nachmittag nimmt die Gestapo die Freundin von Hans Scholl, Gisela Schertling, fest. Sie gibt im Verhör Namen preis, u. a. auch den von Willi Graf.

So ist es nicht verwunderlich, dass die Gestapo in den Abendstunden die Wohnung der Geschwister Graf in der Mandlstraße aufsucht. Was sich dort ereignet, schildert Anneliese Knoop-Graf:

„Ich war schon in unserer Wohnung in der Mandlstraße, Willi war noch nicht zurückgekehrt, er war bei Verwandten zu Besuch. Er war es wirklich. Und als die Gestapo mich fragte, wo denn mein Bruder sei und ich wahrheitsgetreu sagte, er sei in Pasing bei Verwandten, sagten diese beiden Gestapo-Leute sehr höhnisch zu mir: „Ach, das glauben Sie doch wohl selbst nicht!" Ich bin nicht sehr mutig, aber ich sagte immerhin ganz kühn: „Dann rufen Sie doch dort an!" Das taten sie dann auch. Am Telefon sagten unsere Verwandten, er sei nun schon unterwegs. Und bald darauf kam mein Bruder dann auch. Ich hörte, wie sich ein Schlüssel in der Wohnungstür drehte, während wir, die Hauswirtin, die beiden Gestapo- Beamten und ich, in der Wohnung auf ihn warteten. Ich dachte mir, jetzt müsse doch unbedingt etwas geschehen. Ich sprang auf, rannte zur Tür und formte mit den Lippen, aber lautlos „Gestapo", damit er wusste, womit er zu rechnen hat. Ich wurde natürlich sofort zurückgepfiffen von der Gestapo. Aber möglicherweise hatte er ohnehin schon damit gerechnet. Ich wurde von einem der beiden Gestapo-Typen ziemlich angeraunzt, was mir denn einfallen würde. Aber ich hatte ihn immerhin vorbereiten können auf das, was nun auf uns zukommt. Dass ich ihn gewarnt hätte, könnte ich noch nicht einmal sagen. Er trat dann in seiner ihm gemäßen Weise ruhig

und beherrscht auf uns zu. Die Gestapo ordnete sofort an, dass wir beide mitzukommen hätten. Willi hat dann, und das gehört zu dieser Begegnung eigentlich auch mit dazu, sehr ruhig gesagt: „Moment, ich möchte gerne erst noch meine Uniform anziehen!" Er war ja Soldat bei einer Studentenkompanie, durfte aber im Privatleben private Kleidung tragen. Die Gestapo meinte aber nur: „Nein, nein, wenn das wahr ist, was wir Ihnen vorzuwerfen haben, dann wären Sie ohnehin aus der Wehrmacht entlassen! Behalten Sie also ruhig Ihre Zivilkleidung an." Und so war es dann auch, dass er und die anderen sehr bald aus der Wehrmacht entlassen wurden. Aber immerhin, Willi hat diesen Satz: „Moment, ich will zuerst noch meine Uniform anziehen!", doch nicht umsonst gesagt. Er muss nämlich genau diesen Moment dazu benutzt haben, um sein kleines Taschenbuch bzw. Notizbuch, in dem er alle wichtigen Ereignisse notiert hatte, aus seiner Tasche heraus und in diesem Zimmer hinter einige Bücher zu schmuggeln. Die Gestapo, die davor bereits eine Hausdurchsuchung gemacht hatte, bekam daher dieses so wichtige – für mich so wichtige, für die ganze Gruppe so wichtige und für heute so wichtige – kleine Tagebuch nicht in die Hände."[1]

Auch die Geschwister Graf werden in die Gestapo-Zentrale im Wittelsbacher Palais gefahren. Im Auto nebeneinandersitzend, halten sich beide schweigend an der Hand.

Hans und Sophie Scholl streiten bei ihren Verhören zunächst alle Vorwürfe ab. Nachdem aber bei der Hausdurchsuchung belastendes Material gefunden wurde, legt Hans ein Geständnis ab. Er gibt dabei immer nur so viel zu, wie die Gestapo schon weiß, um die anderen Mitglieder zu schonen.

Als Sophie vernimmt, dass Hans gestanden hat, legt auch sie ein Geständnis ab.

Auffallend ist übrigens, dass sie auch im Gefängnis zum Teil trotz brennenden Lichts in der Zelle tief und fest schläft, was für ihre guten Nerven spricht.

Der Beamte, der Sophie Scholl verhört, meint es gut mit ihr, als er sie bei einer Vernehmung fragt: „Fräulein Scholl, wenn Sie das alles bedacht hätten, so hätten Sie sich doch nie zu derartigen Handlungen hinreißen lassen?“ Sophie Scholl antwortet ihm:

„Sie täuschen sich, ich würde alles genau so noch einmal machen, denn nicht ich, sondern Sie haben die falsche Weltanschauung.“[2]

Innsbruck, 19. Februar 1943, einen Tag nach den Ereignissen von München! Christoph Probst wird in seiner Kaserne in Innsbruck von der Gestapo verhaftet und ebenfalls ins Wittelsbacher Palais nach München gebracht.

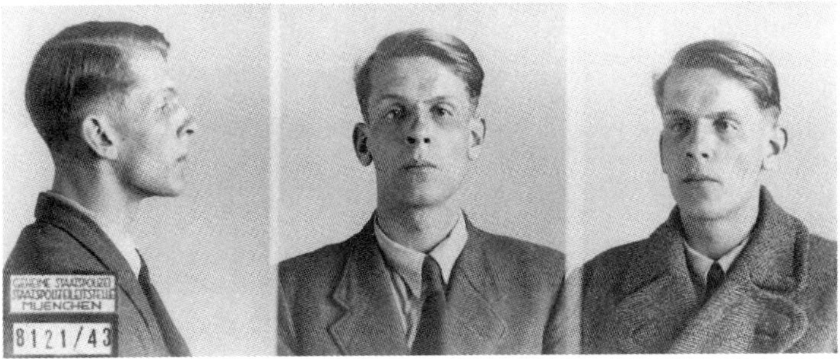

Abb. 97: Nach der Einlieferung ins Gefängnis, Gestapobilder von Christoph Probst

Als Sophie Scholl im Gefängnis erfährt, dass noch ein Student wegen Hochverrats festgenommen wurde, zeigt ihr Gesicht Entsetzen. Ihre Mitgefangene Else Gebel sagt ihr den Namen: Christoph Probst! „Christl, warum gerade er?“, fragt sie sich. Seine Frau hat erst im Januar die Tochter Katharina als drittes Kind zur Welt gebracht.

Bei den Vernehmungen kämpft Christoph Probst um sein Leben. Er gibt an, den Text des Flugblattes, dessen Verfasserschaft er aufgrund des Schriftvergleiches nicht abstreiten kann, in einer furchtbaren Depression geschrieben zu haben, die ihren Ursprung in den Ereignissen an der Ostfront und in der schweren Erkrankung seiner Frau gehabt habe. Er muss schließlich noch zugeben, mehrfach den englischen Radiosender abgehört zu haben.

Die drei erhalten ihre Anklageschrift. Am frühen Morgen des Prozesstages philosophiert Sophie in ihrer Zelle über ihr nahendes Ende nach:

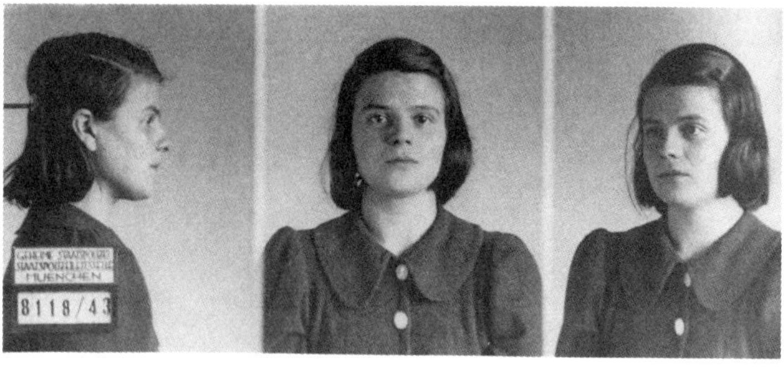

Abb. 98: Nach der Einlieferung ins Gefängnis, Gestapobilder von Sophie Scholl

„So ein herrlicher, sonniger Tag, und ich muss gehen. Aber wie viele müssen heutzutage auf den Schlachtfeldern sterben, wie viele junge, hoffnungsvolle Männer... was liegt an meinem Tod, wenn durch unser Handeln Tausende von Menschen aufgerüttelt und geweckt werden.“[3]

Der Prozess findet am 22. Februar 1943 um 9.00 Uhr im Justizpalast München statt.

Sophie Scholl schreibt kurz vor ihrem Transport zum Justizpalast auf die Rückseite eines Begleitschreibens zur Anklageschrift das Wort „Freiheit“.

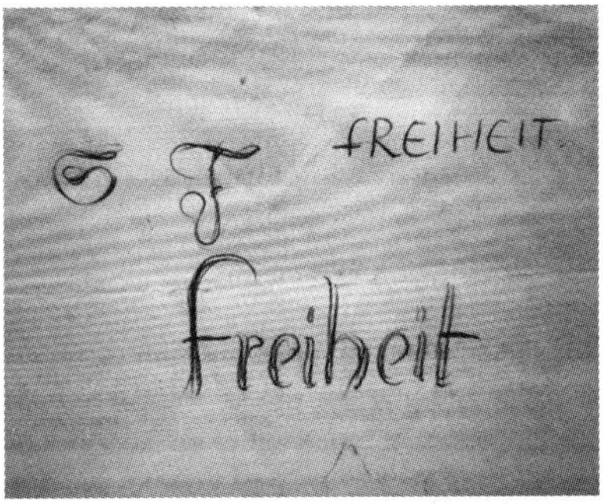

Abb. 99: Notiz Sophie Scholls auf der Rückseite des Begleitschreibens zur Anklageschrift

Und Hans Scholl nimmt in seiner Zelle einen Bleistift und schreibt an die Wand: „Allen Gewalten zum Trutz sich erhalten, nimmer sich beugen, kräftig sich zeigen, rufet die Arme der Götter herbei.“ Es sind die Worte von Goethe, die Robert Scholl jeden Tag rezitierte.

Ein Raum im Justizpalast ist heute Gedenkstätte der „Weißen Rose“ und zur Besichtigung geöffnet. Dr. Roland Freisler, der brutale und gefürchtete Präsident des Volksgerichtshofes ist höchstpersönlich mit einem Sonderflugzeug von Berlin nach München angereist. Als Zuschauer sind nur Personen mit Ausweisen zugelassen, meistens Parteifunktionäre.

Abb. 100: Verhandlungssaal im Justizpalast München

Die Angeklagten sitzen nebeneinander, durch jeweils einen Polizeibeamten getrennt.

Abb. 101: Sophie Scholl auf der Anklagebank (Szene aus dem Spielfilm „Die Weiße Rose")

Einer, der den Prozess mitverfolgt, ist der damalige Gerichtsreferendar Dr. Leo Samberger, den wir von seinen Eindrücken selbst erzählen lassen:

„Allen voran die tobende, schreiende, bis zum Stimmüberschlag brüllende, immer wieder explosiv aufspringende Figur des berüchtigten Präsidenten des Volksgerichtshofes: Roland Freisler… Die Haltung der Angeklagten machte wohl nicht nur mir einen tiefen Eindruck. Da standen Menschen, die ganz offensichtlich von ihren Idealen erfüllt waren. Ihre Antworten auf die teilweise unverschämten Fragen des Vorsitzenden, der sich in der ganzen Verhandlung nur als Ankläger aufspielte und nicht als Richter zeigte, waren ruhig, gefasst, klar und tapfer. Lediglich an körperlichen Reaktionen konnte man das Übermaß an Anspannung erkennen, dem sie standhalten mussten. Hans Scholl, der aufrecht stand, wurde plötzlich bis zur Ohnmacht blass, ein Schütteln durchlief seinen Körper. Er warf seinen Kopf zurück und schloss die Augen. Aber er fiel nicht um, sondern gab seine nächste Antwort mit fester Stimme. Seine Schwester Sophie und sein Freund Christoph Probst, der für die Zuschauer etwas verdeckt war, zeigten dieselbe standhafte Haltung. Die empörende Gesamttendenz des Vorsitzenden Freisler war, die Angeklagten immer wieder als eine Mischung von Dümmlingen und Kriminellen hinzustellen, wenn ihm dies bei ihrer Erscheinung auch etwas schwer fallen musste… Aber diese Märtyrer ließen sich – in den letzten Stunden ihres Lebens – nicht kleinkriegen.

Die knappen Worte der Pflichtverteidiger lassen kein echtes Bemühen erkennen, das Möglichste für die von ihnen Vertretenen zu tun. Der Verteidiger von Hans Scholl etwa beteuert, dass man einfach nicht verstehe, wie Menschen Derartiges machen können, dessen man sich schämen sollte.“[4]

Die Eltern Scholl in Ulm erfuhren erst einen Tag nach der Verhaftung, einem Freitag, vom Schicksal ihrer beiden Kinder. Da ein Besuch übers Wochenende im Gefängnis nicht möglich war, fahren die Eltern zusammen mit ihrem Sohn Werner gleich am Montag mit dem Zug nach München.

Abb. 102: Hauptbahnhof München (1937)

Inge Aicher-Scholl erinnert sich, was sich bei der Ankunft am Bahnhof abspielte:

„Dort wartete am Bahnsteig schon in höchster Erregung Jürgen Wittenstein, der Student, der sie von der Verhaftung telefonisch unterrichtet hatte, und sagte: ‚Es ist höchste Zeit. Der Volksgerichtshof tagt, und die Verhandlung ist bereits in vollem Gang. Wir müssen uns auf das Schlimmste gefasst machen.‘ Dieses

Tempo hatte niemand erwartet, und erst später erfuhren wir, dass es sich um ein „Schnellverfahren" handelte, weil die Richter mit dem raschen und schreckensvollen Ende dieser Menschen ein Exempel statuieren wollten. Meine Mutter fragte den Studenten: ‚Werden sie sterben müssen?' Der nickte verzweifelt und konnte seine Erregung kaum mehr beherrschen."[5]

Gegen 14 Uhr erfolgt die Verkündigung der Urteile, und dabei werden alle drei Angeklagten zum Tode verurteilt.

Es gelingt den Eltern, sich während der Urteilsverkündigung Zutritt zum Verhandlungssaal zu verschaffen. Robert Scholl macht verzweifelte Anläufe, Gehör zu bekommen. Freisler verbietet den Eltern die weitere Anwesenheit und lässt sie hinausführen. Der Vater ruft:

„Es gibt auch noch eine andere Gerechtigkeit."[6]

Nach der Verhandlung werden die drei Freunde in das Gefängnis Stadelheim abtransportiert. Dort schreiben sie ihre Abschiedsbriefe.

Die Eltern Scholl schaffen es, dass sie ihre Kinder noch für ein paar Minuten sehen können. Christoph Probst kann zwar keinen Besuch mehr empfangen, aber er lässt sich kurz vor seiner Hinrichtung noch katholisch taufen und empfängt die hl. Kommunion.

Am Spätnachmittag werden die drei zur Hinrichtung geführt. Inge Aicher-Scholl erzählt, was die Gefangenenwärter später davon berichten:

„Sie haben sich so tapfer fabelhaft benommen. Das ganze Gefängnis war davon beeindruckt. Deshalb haben wir das Risiko auf uns genommen – wäre es rausgekommen, hätte es schwere Folgen für uns gehabt -, die drei noch einmal zusammenzuführen, einen Augenblick vor der Hinrichtung. Wir wollten, dass sie noch eine Zigarette miteinander rauchen konnten. Es waren nur ein paar Minuten, aber ich glaube, es hat viel für sie bedeutet. ‚Ich wusste nicht, dass Sterben so leicht sein kann', sagte Christl Probst. Und dann: ‚In wenigen Minuten sehen wir uns in der Ewigkeit wieder.' Dann wurden sie abgeführt, zuerst das Mädchen. Sie ging, ohne mit der Wimper zu zucken. Wir konnten alle nicht begreifen, dass so etwas möglich war. Der Scharfrichter sagte, so habe er noch nie jemand sterben sehen.' Und Hans, ehe er sein Haupt auf den Block legte, rief laut, dass es durch das große Gefängnis hallte: ‚Es lebe die Freiheit.'"[7]

Für den Abend des 22. Februar 1943 ruft die nationalsozialistisch gleichgeschaltete Studentenführung der Universität die Studenten zu einer Kundgebung im Auditorium auf, in der sich die Studentenschaft demonstrativ von den Aktionen der „Weißen Rose" distanzieren und die Täter als „Vaterlandsverräter" beschimpfen sollte.

Und wirklich, Hunderte von Studenten spenden dem Hausmeister johlend und trampelnd Beifall, der diesen stehend und mit ausgestrecktem Arm entgegennimmt. Für die Festnahme erhält Hausmeister Schmid eine Belohnung von 3.000 Reichsmark und wird vom Arbeiter zum Angestellten befördert.

Um 17.15 Uhr des 24. Februar 1943 findet in aller Eile bereits die Beerdigung auf dem neben dem Gefängnis Stadelheim gelegenen Friedhof am Perlacher Forst statt. Neben den Familienangehörigen und dem Pfarrer kommt nur Traute Lafrenz, die ehemalige Freundin von Hans Scholl, zur Verabschiedung. Verwunderlich ist dies keineswegs. Es ist einfach zu gefährlich, sich an diesem Tag dem Grab zu nähern. Rings um den Friedhof lauert die Gestapo und beobachtet genau das Geschehen. Bei einer Teilnahme an der Beisetzung droht die Verhaftung, denn man kommt in Verdacht, ein Mitglied oder zumindest ein Sympathisant der „Weißen Rose" zu sein.

Auch Christoph Probst wird an diesem Tag beerdigt. Dabei verhaftet die Gestapo seine Schwester Angelika auf dem Friedhof.

Abb. 103: Grab von Hans und Sophie Scholl sowie von Christoph Probst auf dem Friedhof Perlacher Forst (2022)

Die Presse berichtet natürlich über die „gerechte Strafe“ für die Volksverräter. Bürger geben Anzeigen in den Zeitungen auf, in denen sie mitteilen, mit den Verbrechern weder verwandt noch verschwägert oder bekannt zu sein.

Mit dem Prozess und der Hinrichtung ihrer Kinder endet aber das Leiden der Familie Scholl nicht. Die Eltern, Elisabeth und Inge kommen in Sippenhaft. Den Vater trifft es dabei am längsten.

In Ulm wird die Situation für die Familie nach der Haftentlassung so unerträglich, dass sie bis zum Kriegsende Unterschlupf im „Bruderhof“ bei Ewattingen im Schwarzwald sucht.

21 Der zweite Prozess am 19. April 1943

Willi Graf streitet die ersten Tage in den Verhören alles ab. Aber die Beweislast ist so erdrückend, dass er keinen anderen Weg mehr sieht, als ein Geständnis abzulegen. Ebenso geständig sind Alexander Schmorell und Professor Huber, die nach wenigen Tagen festgenommen wurden.

Nervenaufreibende Wochen mit vielen Verhören liegen inzwischen hinter den drei noch lebenden Freunden. Gibt es noch eine Chance, wenigstens mit dem Leben davonzukommen?

Wieder ist es der Blutrichter der Nationalsozialisten, Dr. Roland Freisler, der selbst nach München anreist, um die Verhandlung zu leiten und zwar erneut im Justizpalast.

Abb. 104: Justizpalast München (Luftaufnahme aus dem Jahr 1931)

Neben Freisler fungieren Beisitzer als Richter, zum einen Landgerichtsdirektor Martin Stier, der selbst an zahlreichen Todesurteilen des Volksgerichtshofes beteiligt war[1], zum anderen einer der engsten Mitarbeiter Heinrich Himmlers, SS-Gruppenführer Franz Breithaupt, der seit 24. Dezember 1934 gleichzeitig auch ehrenamtlicher Vizepräsident des Volksgerichtshofes ist.[2] Daneben sind noch zwei hochrangige Nationalsozialisten als Beisitzer tätig, die auch schon am Hitlerputsch 1923 beteiligt waren: SA-Gruppenführer Hanns Bunge und SA-Gruppenführer und Staatssekretär Max Köglmaier.[3]

Angeklagt sind neben Alexander Schmorell, Prof. Dr. Kurt Huber und Willi Graf auch andere, deren Namen wir in diesem Buch schon begegnet sind.

Über das, was kurz vor und am Tag des Prozesses geschah, sind wir recht gut informiert. Dies verdanken wir dem ausführlichen Bericht von Falk Harnack, der selbst Angeklagter ist. 1947 schreibt er in seinen Erinnerungen:[4]

„Nach Wochen – als die Vernehmungen beendet waren – wurden wir auf die einzelnen Untersuchungsgefängnisse Münchens verteilt. So kamen Schmorell, Prof. Huber und viele andere in das Gefängnis am Neudeck. Willi Graf und ich kamen, natürlich streng getrennt, in das Untersuchungsgefängnis Cornelius…

Da die Sache vor den Volksgerichtshof kam, wo kein Strafgesetzbuch Gültigkeit hatte, sondern nur die Willkür entschied, bereitete sich jeder von uns auf die Todesstrafe vor. Langsam überwand man die Furcht vor dem Tode. Nur ein Gefühl quälte jeden von uns: nicht genug gegen das verbrecherische System getan zu haben. Man hatte das Gefühl, man gibt sein Leben zu billig her… Am 16. April 1943 traf die Anklageschrift ein, die auf Hochverrat, Landesverrat, Zersetzung der Wehrmacht, Aufbau illegaler Organisationen etc. lautete…"

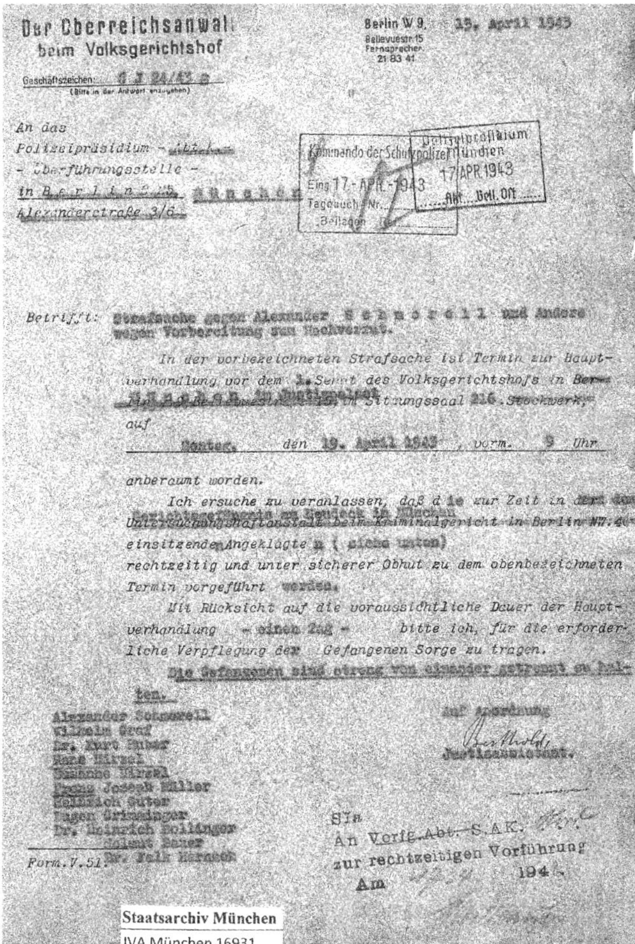

Der Oberreichsanwalt
beim Volksgerichtshof

Berlin W 9, 15. April 1943
Bellevuestr. 15
Fernsprecher 21 83 41

Geschäftszeichen: [illegible]
(Bitte in der Antwort anzugeben)

An das
Polizeipräsidium – ~~Abt. ...~~
– Überführungsstelle –
~~in Berlin C 25~~ München
~~Alexanderstraße 3/6~~

Kommando der Schutzpolizei
Eing. 17. APR. 1943
Tagebuch Nr.
Beilagen

Polizeipräsidium München
17. APR. 1943
Akt. Bell. Ort

Betrifft: Strafsache gegen Alexander S c h m o r e l l und Andere wegen Vorbereitung zum Hochverrat.

In der vorbezeichneten Strafsache ist Termin zur Hauptverhandlung vor dem 1. Senat des Volksgerichtshofs in ~~Berlin W 9, Bellevuestraße 15, im Sitzungssaal~~ München im Justizpalast 216. Stockwerk,
auf

Montag, den 19. April 1943, vorm. 9 Uhr

anberaumt worden.

Ich ersuche zu veranlassen, daß die zur Zeit in dem ~~Untersuchungshaftanstalt beim Kriminalgericht in Berlin NW. 40~~ Gerichtsgefängnis am Neudeck in München einsitzenden Angeklagten (siehe unten) rechtzeitig und unter sicherer Obhut zu dem obenbezeichneten Termin vorgeführt werden.

Mit Rücksicht auf die voraussichtliche Dauer der Hauptverhandlung – einen Tag – bitte ich, für die erforderliche Verpflegung der Gefangenen Sorge zu tragen.

Die Gefangenen sind streng von einander getrennt zu halten.

Alexander Schmorell
Wilhelm Graf
Dr. Kurt Huber
Hans Hirzel
Susanne Hirzel
Franz Joseph Müller
Heinrich Guter
Eugen Grimminger
Dr. Heinrich Bollinger
Helmut Bauer
Dr. Falk Harnack

Auf Anordnung
Berthold
Justizangestellter.

Form. V. 51.

SIn
An ~~Vorfg. Abt.~~ S.A.K.
zur rechtzeitigen Vorführung
Am 194

Staatsarchiv München
JVA München 16931

Abb. 105: Ersuchen des Oberreichsanwalts beim Volksgerichtshof um Transport zum Justizpalast

Die Verhandlung findet am 19. April 1943 statt. Der Tag ist von Freisler absichtsvoll gewählt, denn Hitler feiert am 20. April seinen Geburtstag. Es liegt nahe, dass er dem Führer die Urteile als Geburtstagsgeschenk darbringen möchte, seinem Führer, von dem er abhängig und dem er hörig ist.

Falk Harnack berichtet weiter:

„Am 19. April 1943, morgens um 5 Uhr, wurde ich geweckt, rasiert und kam in die sog. Empfangszelle. Wenige Minuten später kam Willi Graf hinein. Wir beide wurden in den Gefängnishof geführt. Dort stand ein grüner Gefängniswagen. Die Tür öffnete sich, und wir erblickten Prof. Huber, Alexander Schmorell und die anderen Angeklagten, darunter die Geschwister Hirzel, Grimminger, Bollinger usw. Wir stiegen ein, und die Fahrt zum Justizpalast, quer durch München, begann…

Im Hof des Justizpalastes empfing uns ein Polizeikordon. Die Hände wurden uns gefesselt, und wir kamen herauf in die große Wartezelle, zum ersten Male alle gemeinsam. Nur ein paar Wortbrocken konnten wir wechseln, da wir streng beaufsichtigt wurden. Schmorell war schweigsam, er hoffte auf nichts mehr, Willi Graf, sonst still, war jungenhaft offen. Er sagte leise: ‚Ach, zehn Jahre…'

Dann öffnete sich das Tor, und wir wurden gefesselt über den langen Korridor in den Schwurgerichtssaal geführt. Links und rechts standen Menschen, Kopf an Kopf. Viele Studenten der Münchener Universität, Arbeiter, Soldaten. Wir gingen an ihnen vorbei. Kein böses Wort traf uns – nur Blicke voll tiefer

Sympathie und voller Mitleid. Als erster betrat Schmorell den Saal, ihm folgte Prof. Huber, und dann kamen wir anderen…

Im Gerichtssaal wurde neben uns je ein Schupo gesetzt, die Verhandlung war öffentlich, d.h. es durften allerdings nur Gestapo-Agenten, hohe Offiziere und Parteifunktionäre daran teilnehmen… Ihre Haltung war der Haltung des Publikums draußen auf dem Korridor genau entgegengesetzt. Die braunen Parteibonzen wären am liebsten aufgesprungen, um uns zusammenzuschlagen. Weniges später öffnete sich die Tür hinter dem Verhandlungstisch und der Gerichtshof erschien. An der Spitze, in blutrotem Ornat, mit Gold verziert, Freisler…

Abb. 106: Dr. Roland Freisler (1942)

In hämisch-pathetischer Weise verlas Freisler die einzelnen Anklagepunkte. Als die Flugblätter verlesen wurden, wuchs die feindliche Erregung im Saal und nahm bedrohliche Formen an. Sofort nach der Verlesung sprang der Wahlverteidiger von Prof. Huber auf, nahm stramme Haltung an, grüßte mit „Heil Hitler" und erklärte mit großem Pathos: „Herr Präsident! Hoher Gerichtshof! Da ich erst jetzt Kenntnis von dem Inhalt der Flugblätter erhalten habe, sehe ich mich als deutscher Mensch und Rechtswahrer des Deutschen Reiches außer Stande, ein solch ungeheuerliches Verbrechen zu verteidigen. Ich bitte den hohen Gerichtshof, mich von meiner Verteidigung zu entbinden und die angeführten Gründe zu würdigen." Prof. Huber, neben dem ich saß, war auf das Tiefste erschüttert. Aber noch eine Enttäuschung traf Prof. Huber. Er hatte als Entlastungszeugen den Münchener Historiker, seinen Kollegen Geh.Rat Alexander von Müller, benannt. Von Müller ließ sich entschuldigen, er sei dienstlich von München abwesend.

Als erster wurde Alexander Schmorell vor die Schranken gerufen. Mit bestialischer Rhetorik überschüttete Freisler den jungen Studenten und machte ihm eine Vorhaltung nach der anderen; eine Beschimpfung jagte die andere – brüllend, tobend, so daß Schmorell überhaupt nicht zu Worte kam. Jedes Mal, wenn er nur ansetzte, seine Handlungen zu erklären, zu verteidigen, schnitt ihm Freisler kreischend das Wort ab. Als Freisler sich ausgetobt hatte, stellte er die Frage: „Was haben Sie denn an der Front getan?" Schmorell antwortete: „Ich habe mich um die Verwundeten gekümmert, wie es meine Pflicht als angehender Arzt ist." Darauf Freisler: „Ja, und wenn die Russen kamen, haben Sie nicht auf die Russen geschossen?" – „Genau so wenig, wie ich auf Deutsche schieße, schieße ich auf Russen!" Eine Flut von Schimpfwörtern ergoß sich über Schmorell: „Seht Euch diesen Verräter an! Das will ein deutscher Wachtmeister sein! Er fällt dem Vaterland in den Rücken!"…

Prof. Huber, der als nächster vorgerufen wurde, wurde in hämischer Weise mitgeteilt, die Universität habe ihm seinen Professorenrang und seinen Doktortitel aberkannt, weil er ein Verführer der deutschen Jugend sei… Prof. Huber, der seit seiner Geburt an einem leichten Sprachfehler litt, hielt sich mit aller Kraft aufrecht und versuchte, stimmlich gegen dieses Meer von Unflat anzukämpfen. Er bebte am ganzen Körper, jedoch nicht aus Furcht oder Angst, sondern vor tiefster Erregung und Empörung über diese unwürdigen Zustände.

Als Dritter folgte Willi Graf – ruhig und gelassen. Der Ton Freislers mäßigte sich etwas. Freisler sagte: „Sie haben ja der Gestapo schöne Lügengeschichten aufgebunden, und um ein Haar wären Sie herausgekommen. Aber …“, und jetzt nahezu mit einem verbindlichen Lächeln, als ob er ein Spiel gewonnen hätte, „… wir sind doch schlauer als Sie!“…

Erschütternd war die Verhandlung gegen das Geschwisterpaar Hirzel. Sie waren noch die reinsten Kinder, sechzehnjährig und kamen aus einem Pfarrhaus. Besonders der junge Hirzel fiel prompt in jede Fallgrube, die ihm Freisler bereitete, umso bewundernswerter war aber der Mut, mit dem er illegale Arbeit geleistet hatte …

Für kurze Zeit wurde der Prozeß unterbrochen. Folgendes Ereignis trat ein, das typisch für die Praktiken des Volksgerichtshofs ist: Vier neue Angeklagte, junge Studentinnen, wurden in den Saal geführt, ebenfalls auf die Anklagebank gesetzt…

Vierzehn Stunden dauerte der Prozeß, eine Nervenanspannung sondersgleichen. Die Zunge klebte im trockenen Mund, die Spannung war nahezu unerträglich…

Gegen 9 Uhr abends begann der Oberreichsanwalt mit seinen Strafanträgen. Todesstrafe wurde gefordert für Schmorell, Prof. Huber, Graf und Grimminger… Dann konnten wir unsere Schlußworte sprechen… Schmorell und Graf blieben einfach gelassen und bekannten sich zu ihrer illegalen Arbeit, die sie aus dem Glauben an ein besseres Deutschland heraus getan hatten…

Danach wurden wir wieder in die großen Massenzellen zurückgeführt… Gegen 10.30 Uhr abends wurden wir wieder gefesselt in den großen Schwurgerichtssaal mit seiner lächerlich geblümten Tapete geführt. Die Urteilsverkündung begann. Freisler erhob sich, hinter ihm das Bild mit der widerlichen Fratze Hitlers. Mit genießerisch rhetorischer Breite formulierte er die Urteilsbegründung, die nicht schriftlich vorlag. Alexander Schmorell, Prof. Huber und Willi Graf wurden mit dem Tode bestraft, Grimminger mit 10 Jahren Zuchthaus. Er war also gerettet. Und nun folgten die anderen Angeklagten mit längeren oder kürzeren Freiheitsstrafen. Zum Schluss kam ich an die Reihe, und obwohl der Oberreichsanwalt 5 Jahre beantragt hatte, wurde ich mangels Beweisen freigesprochen.

Die Freunde, die ihr Todesurteil vernommen hatten, waren still und gefasst, keine Träne, aufrecht. Freisler verließ mit seinen sogenannten Richtern mit der Befriedigung den Saal, der Öffentlichkeit wieder ein „glänzendes“ Schauspiel gegeben zu haben…“

Als sicher gilt, dass Freisler die Todesurteile schon aus Berlin mitbrachte, d.h. dass Adolf Hitler sie im Vorfeld bestätigt hatte, so dass die ganze Verhandlung in München nur noch ein Schauspiel und eine Farce war.

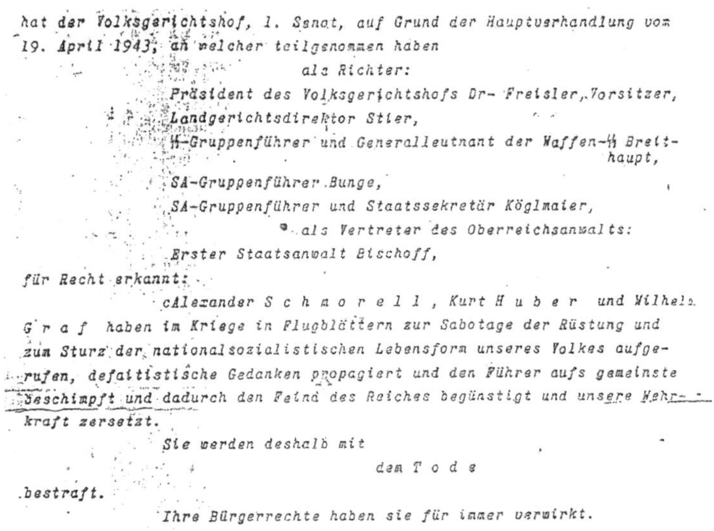

hat der Volksgerichtshof, 1. Senat, auf Grund der Hauptverhandlung vom 19. April 1943, an welcher teilgenommen haben

als Richter:

Präsident des Volksgerichtshofs Dr. Freisler, Vorsitzer,
Landgerichtsdirektor Stier,
SS-Gruppenführer und Generalleutnant der Waffen-SS Breithaupt,
SA-Gruppenführer Bunge,
SA-Gruppenführer und Staatssekretär Köglmaier,

als Vertreter des Oberreichsanwalts:

Erster Staatsanwalt Bischoff,

für Recht erkannt:

Alexander S c h m o r e l l , Kurt H u b e r und Wilhelm G r a f haben im Kriege in Flugblättern zur Sabotage der Rüstung und zum Sturz der nationalsozialistischen Lebensform unseres Volkes aufgerufen, defaitistische Gedanken propagiert und den Führer aufs gemeinste beschimpft und dadurch den Feind des Reiches begünstigt und unsere Wehrkraft zersetzt.

Sie werden deshalb mit

dem T o d e

bestraft.

Ihre Bürgerrechte haben sie für immer verwirkt.

Abb. 107: Auszug aus dem Urteil vom 19. April 1943

Gegen die anderen Angeklagten ergehen daneben bei diesem Prozess folgende Urteile:

– Eugen Grimminger	10 Jahre Zuchthaus
– Heinrich Bollinger	7 Jahre Zuchthaus
– Helmut Bauer	7 Jahre Zuchthaus
– Hans Hirzel	5 Jahre Gefängnis
– Franz Müller	5 Jahre Gefängnis
– Heinrich Guter	18 Monate Gefängnis
– Gisela Schertling	1 Jahr Gefängnis
– Katharina Schüddekopf	1 Jahr Gefängnis
– Traute Lafrenz	1 Jahr Gefängnis
– Susanne Hirzel	6 Monate Gefängnis
– Falk Harnack	Freispruch

Inzwischen setzt der Widerstand in Hamburg die Arbeit der „Weißen Rose“ fort. Hans Leipelt war selbst einer der Adressaten des VI. Flugblattes. Er ist davon so begeistert, dass er das Flugblatt zusammen mit Marie-Luise Jahn abtippt, es mit dem Zusatz „Und ihr Geist lebt trotzdem weiter“ versieht, es vervielfältigt und schließlich in den Osterferien 1943 zur Verteilung nach Hamburg bringt. Leipelt ist es auch, der Geld für die vollkommen verarmte Familie von Professor Kurt Huber sammelt.

22 Das bange Warten auf den Tod

Willi Graf wird nach der Verhandlung vor dem Volksgerichtshof ins Gefängnis nach Stadelheim gebracht.

Sein Wunsch ist es, möglichst rasch hingerichtet zu werden, denn das Warten ist für ihn entsetzlich, wie er gegenüber Falk Harnack bekennt, der auch die schreckliche Szene der Ankunft in Stadelheim beschreibt, bevor er am nächsten Tag der Gestapo überstellt werden soll:

Abb. 108: Gefängnis Stadelheim (Aufnahme aus dem Jahr 1903)

„Die Tür öffnete sich und wir wurden in den großen Empfangsraum des Gefängnisses geführt. Dort stand ein Justizinspektor mit der Strafliste in der Hand und sortierte die einzelnen wie Waren in einem Kaufhaus, jeden nach seiner Strafkategorie. „Todesstrafe rechts in die Ecke, Zuchthaus links in die Ecke, Gefängnis auf die andere Seite."... Dann ging der Weg durch endlose Korridore, die hellerleuchtet waren, um viele Ecken he-

rum, bis wir vor einer schweren eisenbeschlagenen Tür standen, die aufgeschlossen wurde. Wir wußten, es ist das Todeshaus. Wir traten in diesen Korridor ein. Links und rechts an den Zellentüren hingen schwarze Täfelchen mit weißer Aufschrift: TU. Todesurteil. Vor den Zellen lagen Kleiderpakete. Die Delinquenten mußten nackt schlafen, gefesselt.“[1]

Franz Josef Müller erinnert sich nach dem Krieg in einem Interview noch sehr genau an eine Begegnung mit den Todeskandidaten in Stadelheim, die ihn innerlich sehr mitnimmt:

„Als wir von Stadelheim, wo wir Jüngeren damals inhaftiert waren, auf Transport in ein anderes Gefängnis kamen, hat uns ein Wachtmeister, der wahrscheinlich gutwillig war, durch den Hof der Todeskandidaten geführt. Dort haben wir Huber, Graf und Schmorell, die alle zum Tod verurteilt worden waren, noch einmal gesehen. Das ist der stärkste Eindruck, der mir von meinen Freunden bis heute geblieben ist: Diese Situation, die vielleicht nur eine halbe Minute dauerte, ist mir bis heute am präsentesten geblieben. Was sagt man sich da? Wir, die wir in ein anderes Gefängnis gebracht werden und die noch leben dürfen, während die anderen buchstäblich auf die Maschine warten, die 30 Meter daneben steht und die ihnen die Köpfe abschlagen wird?“[2]

Urteile des Volksgerichtshofes sind nicht anfechtbar, es gibt also keine Rechtsmittel dagegen.[3] Das Einzige, was bleibt, ist ein Gnadengesuch, das die Eltern auch stellen und von dem sie sich erhoffen, das Leben von Willi Graf retten zu können durch eine Umwandlung von der Todes- in eine Freiheitsstrafe. Die Antwort darauf trifft am 26. Juni 1943 aus dem Führerhauptquartier ein:

„Betrifft Gnadensache der wegen Hochverrats, Feindbegünstigung und Zersetzung der Wehrkraft vom Volksgerichtshof 1. Senat am 19. April 1943 zum Tode verurteilten Sanitätsfeldwebel Alexander Schmorell und Wilhelm Graf von der 2. Studentenkompanie München: Ich lehne einen Gnadenerweis ab. Unterschrift: Adolf Hitler."[4]

Adolf Hitler selbst ist es also, der sämtlichen Hoffnungen ein definitives Ende setzt. Damit ist klar, dass auch weiteren Gnadengesuchen von vornherein der Erfolg versagt bleiben wird.

Willi Grafs Wunsch nach einer baldigen Hinrichtung soll sich indes nicht erfüllen. Seine via dolorosa scheint kein Ende nehmen zu wollen.

Alexander Schmorell und Professor Kurt Huber werden nach abgelehnten Gnadengesuchen am 13. Juli 1943 mit dem Fallbeil hingerichtet, aber Willi Graf muss weiterhin warten. Der Grund hierfür ist, dass die Gestapo speziell aus ihm noch weitere Namen von Beteiligten und Mitwissern herauspressen möchte. Doch Willi Graf verrät keinen. Es ist kaum zu ermessen, welchem seelischen Druck er vor allem in diesen Monaten ausgesetzt ist. Alle fünf Freunde sind tot, er wartet in Einzelhaft auf seine Hinrichtung und immer ist er in den Verhören den drängenden und brutalen Fragen der Gestapo ausgeliefert.

Am Tag der Hinrichtung der beiden Freunde verhandelt das Sondergericht 2 beim Landgericht München gegen Personen aus dem Umfeld der „Weißen Rose".

Unter dem Vorsitz von Richter Schwingenschlögl kommt es an diesem Tag zu folgenden Urteilssprüchen:

– Josef Söhngen	6 Monate Gefängnis
– Harald Dohrn	Freispruch
– Wilhelm Geyer	Freispruch
– Manfred Eickemeyer	Freispruch

Was Willi Graf im Gefängnis noch weit mehr als sein eigenes Schicksal belastet, ist die Tatsache, dass seine Familie für sein heroisches Tun büßen muss.

Die Eltern von Willi Graf werden in „Sippenhaft" genommen. Aus einem Zeitzeugenbericht von Pfarrer Philipp Kremer, der in diesen Tagen Pfarrer von St. Johann in Saarbrücken ist, wissen wir dazu Näheres:

„Graf wurde am 27.02.1943 vor den Augen seiner Angestellten aus dem Betrieb verhaftet und in Einzelhaft genommen… Ich habe aus nächster Nähe den ganzen schmerzlichen Vorgang mit der Familie Graf erlebt."[5]

Gerhard Graf wird keine spezielle Begründung für die Inhaftierung genannt. Die Gestapo begnügt sich mit dem Hinweis, dass der Sohn das Produkt des Elternhauses sei, das ihn beeinflusst habe.[6] Mathilde, der älteren Schwester, bleibt die Haft nur erspart, weil sie schwanger ist.

Nach dem Krieg berichtet Anneliese Knoop-Graf über die Haftzeit ihrer Eltern:

„Meine Eltern waren vier Wochen in Haft und saßen in Saarbrücken in Gefängnissen: Man nannte das damals noch nicht Sippenhaft, aber es war natürlich so etwas wie eine Sippenhaft. Meine Eltern haben dort in den beiden Gefängnissen eine ziemlich üble Zeit verbracht…“[7]

Für die Eltern ist es schwer, mit den Folgen der Widerstandstätigkeit ihres Sohnes umzugehen. In ihrem starken Glauben gelingt es der Mutter eher, alles anzunehmen und darin auch den Willen Gottes zu sehen. Der Vater tut sich hier schon wesentlich schwerer. Wir wissen aus einem Brief, den Gerhard Graf aus dem Gefängnis in Saarbrücken an seine in München inhaftierte Tochter Anneliese schreibt, den er aber aus nicht bekannten Gründen nie abschickt, wie sehr er unter den Folgen leidet. Das lässt sich schon allein aus zwei Sätzen in diesem Brief ersehen, die hier zitiert sein sollen:

„Mutter und ich mussten sechzig Jahre alt werden, um mit so etwas wie einem Gefängnis in Berührung zu kommen. Ich weiß nicht, wie ich in der Öffentlichkeit damit umgehen soll.“[8]

Man kann Gerhard Graf ein Mitgefühl und Verständnis für sein Denken nicht völlig versagen, denn wir müssen uns immer fragen, wie wir in dieser Situation als Vater reagieren würden bei dem, was die Familie erleiden muss.

Am 3. März 1943 beschließt der Dreier-Ausschuss der Universität München den dauernden Ausschluss Willi Grafs vom Studium an allen deutschen Hochschulen.

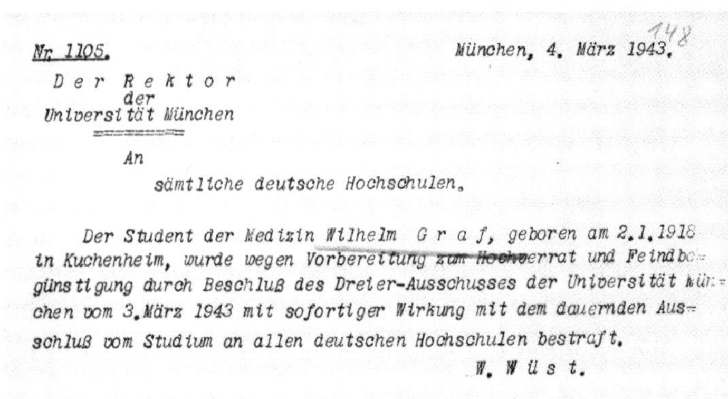

Nr. 1105. München, 4. März 1943. 148

Der Rektor
der
Universität München

An
sämtliche deutsche Hochschulen.

Der Student der Medizin Wilhelm Graf, geboren am 2.1.1918 in Kuchenheim, wurde wegen ~~Vorbereitung zum Hochverrat~~ und Feindbegünstigung durch Beschluß des Dreier-Ausschusses der Universität München vom 3. März 1943 mit sofortiger Wirkung mit dem dauernden Ausschluß vom Studium an allen deutschen Hochschulen bestraft.

W. Wüst.

Abb. 109: Ausschluss vom Studium an allen deutschen Hochschulen

In seinen Briefen aus dem Gefängnis bringt Willi Graf immer wieder die Sorge um die Familie zum Ausdruck, denn er weiß, wie sehr sie darunter leidet. So schreibt er am 8. Mai 1943 an seine Eltern und seine Schwester Mathilde:

„Bestimmt, den meisten Kummer und die größten Sorgen muß ich mir wegen Euch, meine lieben Eltern und Mathilde und Anneliese machen, denn hätte ich nur an mich allein zu denken, ich könnte trotz allem froh sein, es fiele mir viel leichter. Ob Ihr das mit mir verstehen könnt? Bitte versucht es. Mit dem Tod beginnt erst unser wahres Leben, diese Gedanken sind mir immer schon vertraut gewesen und waren und sind mir bewußt. Euch aber bleibt alles Leid und der Schmerz, aber der Glaube und das Gottvertrauen muß auch Stärke und Kraft bringen, und in diesem Bewußtsein sind wir vereint und wollen füreinander beten.“[9]

Es sind nicht nur die Briefe aus der Haftzeit, die einen bewegen, sondern in Anneliese Knoop-Graf blieben darüber hinaus die Erinnerungen an einen der wenigen Besuche, die ihr Bruder empfangen durfte, tief im Gedächtnis haften:

„Ich kam dafür von meinem Gefängnis zu seinem, jeweils nur für drei, vier Minuten, denn länger war die Sprechzeit nicht. Einmal war auch meine Mutter mit dabei. Es ist für mich ein sehr trauriges Faktum, dass ich nicht mehr genau weiß, was wir in diesen wenigen Minuten gesprochen haben. Sie hatten mich vorhin gefragt, was ich bei dem Brief meines Bruders an mich empfinde: Ich muss Ihnen sagen, dass das, was ich bei diesen Besuchen empfand, eigentlich noch viel stärker ist. Das ist ein Gefühl von unendlicher Trauer und Hilflosigkeit. Da stand er nun – getrennt von uns durch eine Glasscheibe – mit seinen strahlend blauen Augen einfach vor uns. Und da wagte ich diese entscheidende Frage: „Warum hast du mir denn von all dem nichts gesagt?" Das war deswegen „mutig", weil der Gestapobeamte mit dabeistand im Zimmer. Und Willi antwortete mir in seiner nüchternen und klaren Art: „Das war doch nichts für dich!" Es war also, wie er meinte, wie er vielleicht zu Recht meinte, nichts für mich. Damit muss ich leben."[10]

Mathilde kann am 10. Mai 1943 ihren Sohn zur Welt bringen, der den Namen Joachim erhält. Die Familie schickt Willi Graf auch immer wieder Fotos von dem neuen Erdenbürger nach Stadelheim, der in diesen dunklen Tagen wenigstens etwas Sonnenschein in die Familie bringt. Willi Graf versucht in seinen Briefen, die Familie mit dem kleinen Jungen von seinem eigenen Schicksal abzulenken. So schreibt er am 17. Juli 1943 an seine Mutter:

„Ihr erzählt in Euren Briefen immer wieder davon, und ich merke, daß Euer aller Mittelpunkt der Junge ist, das erleichtert mir die Tage. Mathildes Brief vom 11. VII. habe ich auch schon erhalten, der ja nur so von Mutterstolz und Freude strahlt.[11]

Was aber am meisten aus seinen Briefen hervortritt, ist seine religiöse Entwicklung. Mit dem irdischen Leben hat Willi Graf vollkommen abgeschlossen. Sein Blick richtet sich nur noch himmelwärts. Der Brief vom 10. September 1943 lässt erahnen, wie sehr er es begriffen hat, was das Christentum war, ist und immer sein wird, nämlich die Annahme des Kreuzes:

„Dürfen wir nicht fast froh sein, daß wir in dieser Welt ein Kreuz auf uns nehmen können, das manchmal über menschliches Maß hinauszugehen scheint? Wir wollen versuchen, dieses Kreuz nicht nur einfach zu ertragen, sondern zu lieben und immer vollkommener zu leben im Vertrauen auf Gottes Ratschluß. Dann erfüllt sich der ganze Sinn in diesem schmerzvollen Leiden. Für uns ist der Tod nicht das Ende, sondern ein Durchgang, das Tor zum wahren Leben. Ich versuche, mir diese Wirklichkeiten ganz bewußt werden zu lassen und bitte um Kraft und Wegen dafür. So berühren einen die alltäglichen Dinge nicht mehr so stark, wie sie auch ausschauen mögen. Die Erfüllung des Lebens liegt nicht in ihnen.“[12]

Hatten die Jahre des Widerstandes Willi Graf schon von einem „ungeschliffenen Rohdiamanten“ zu einem schönen Edelstein werden lassen, so sind es namentlich noch die letzten Monate, die diesen Diamanten so richtig zum Funkeln bringen. Dazu gehört nicht zuletzt auch sein Sichhineinlegen in die Barmherzigkeit und den Willen Gottes. Seine Seele erreicht eine unvorstellbare Reife, und er wächst mit Gottes Gnade über sich hinaus.

Abb. 110: Willi Graf ist mit Gottes Gnade über sich hinausgewachsen.

Ob Willi Graf es wohl noch erfährt, dass das VI. Flugblatt während seiner Haftzeit eine abenteuerliche Reise unternimmt? Es ist James Graf von Moltke, der Kopf der Widerstandsgruppe „Kreisauer Kreis", der es zusammen mit einem vierseitigen Bericht an den Bischof in Oslo, Eivind Berggrav, übergibt. Von dort aus gelangt es schließlich nach Großbritannien. Die Royal Air Force, also die britische Luftwaffe, wirft es zwischen dem 3. und 25. Juli 1943 millionenfach über Berlin, Dortmund, Düsseldorf, Köln, Münster und Weimar ab.[13]

23 Hinrichtung und Beisetzung

Das endlose Warten zehrt an den Nerven von Willi Graf und vor allem der Familie. Schließlich naht aber dann doch die Hinrichtung. Willi Graf versteht sich mit einem Gefängnisaufseher recht gut und so kann er schließlich mit ihm die Vereinbarung treffen, dass er ihm vorher ein Zeichen gibt. Dieses Zeichen sieht so aus, dass er die Gefängniszelle betreten, das Fenster öffnen und es dann gleich wieder schließen wird. Und so weiß Willi Graf am 12. Oktober 1943, dass es soweit ist. Er schreibt einen bewegenden Abschiedsbrief:

„Meine geliebten Eltern, meine liebe Mathilde u. Anneliese, an diesem Tag werde ich aus dem Leben scheiden und in die Ewigkeit gehen. Vor allem schmerzt es mich, daß ich Euch, die Ihr weiterleben werdet, diesen Schmerz bereiten muß. Aber Trost und Stärke findet Ihr bei Gott, darum werde ich bis zum letzten Augenblick beten, denn ich weiß, daß es für Euch schwerer sein wird als für mich. Ich bitte Euch, Vater und Mutter von Herzen, mir zu verzeihen, was ich Euch an Leid und Enttäuschung zugefügt habe, ich habe oft und gerade zuletzt im Gefängnis bereut, was ich Euch angetan habe. Verzeiht mir und betet immer wieder für mich! Behaltet mich in gutem Andenken! Seid stark und gefaßt und vertraut auf Gottes Hand, der Alles zum Besten lenkt, wenn es auch im Augenblick bitteren Schmerz bereitet. Wie sehr ich Euch geliebt habe, konnte ich Euch im Leben nicht sagen, nun aber, in den letzten Stunden sage ich Euch, leider nur auf diesem nüchternen Papier, daß ich Euch alle von Herzen liebe und Euch verehrt habe. Für alles, was Ihr mir im Leben geboten habt und was Ihr mir durch Eure Fürsorge und Liebe ermöglicht habt. Schließt Ihr übrigen Euch zusammen

und steht in Liebe und Vertrauen zueinander! Die Liebe Gottes hält uns umfaßt und wir vertrauen Seiner Gnade, möge Er uns ein gütiger Richter sein. Mein letzter Gruß Euch Allen, lieber Vater und geliebte Mutter, Mathilde, Ossy, Anneliese, Joachim, alle Verwandten und Freunde. Gottes Segen über uns, in Ihm sind wir und leben wir. Lebet wohl und seid stark und voller Gottvertrauen! Ich bin in Liebe immer Euer Willi"[1]

Dem Gefängnisseelsorger, Kaplan Heinrich Sperr, gibt Willi Graf schließlich noch einen letzten Gruß an seine Schwester Anneliese mit, den dieser dann mitstenographiert und anschließend aus dem Gefängnis schmuggelt:

„*Du weißt, daß ich nicht leichtsinnig gehandelt habe, sondern daß ich aus tiefster Sorge und dem Bewußtsein der ernsten Lage gehandelt habe. Und Du mögest dafür sorgen, daß dieses Andenken in der Familie, den Verwandten und Freunden lebendig und bewußt bleibt.... Auch gegenüber meinen Freunden sollst Du bestimmt sein, mein Andenken und mein Wollen aufrecht zu erhalten. Du kannst es ja verstehen, daß ich keinem der Freunde ein Zeichen hinterlassen konnte. Wenn die Zeit günstig ist, mögest Du Dich mit ihnen in Verbindung setzten. Vor allem mit Hein Jacobs und Dr. Fritz Leist. Sage auch allen anderen Freunden meinen letzten Gruß. Sie sollen weitertragen, was wir begonnen haben.*"[2]

Die Hinrichtung findet schließlich planmäßig um 17 Uhr statt. Willi Graf wird in den Hinrichtungsraum geführt. Die Nationalsozialisten erledigen solche Hinrichtungen schon fast routineartig und recht rasch.

Abb. 111 und 112: Rekonstruktionen des Hinrichtungsraumes

Die Eltern erfahren zunächst nichts von der bevorstehenden Hinrichtung. Es ist ein beherzter Gefängniswärter, der den Mut hat, die Information darüber auf den Weg zu bringen, wie Anneliese Knoop-Graf erzählt:

„Der Gefängniswärter, der übrigens nichts anderes war als ein Vollzugsbeamter, also kein Nazi, hat meine in Pasing lebende Cousine benachrichtigt, dass die Hinrichtung bevorstehe. Diese Cousine hat dann aber nicht gewagt, meinen Vater anzurufen. Stattdessen hat sie den Pfarrer unserer Pfarrei in Saarbrücken angerufen. Dieser wiederum ging dann in mein Elternhaus, um meinen Eltern dies mitzuteilen. Mein Vater machte sich noch in der Nacht auf, ging zum Bahnhof und fuhr nach Mün-

chen, weil er glaubte, Willi doch noch einmal sehen zu können. Aber als mein Vater in München ankam, war Willi bereits tot. Mehr weiß ich darüber gar nicht. Wann wer sonst noch irgendwo etwas gesagt hatte, weiß ich nicht, ich weiß nur: Mein Vater kam nach Stadelheim und Willi war tot, war bereits hingerichtet worden. Und nur ein tapferer und mutiger Gefängnisbeamter hat dafür gesorgt, dass das in unserer Familie überhaupt bekannt wurde. Die Nationalsozialisten haben so etwas nämlich keineswegs sofort mitgeteilt. Nein, sie fanden es unter ihrer Würde, etwa den Angehörigen eines, wie sie meinten, Verbrechers Nachricht über dessen Tod zukommen zu lassen. Erst viel später wurde dann meinen Eltern ein Schreiben mit den Personalien von Willi zugeschickt. Darin hieß es in einem Vordruck: „Gestorben am 12.10.1943. Todesursache: Enthauptung." Das ist das, was meine Eltern dann später offiziell erfahren haben."[3]

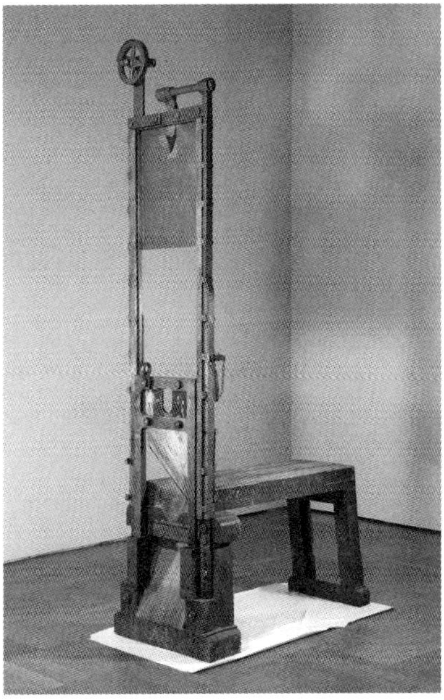

Abb. 113: Original der Guillotine, mit der Willi Graf enthauptet wurde.

Der Oberstaatsanwalt München I teilt mit Schreiben vom 14. Oktober 1943 an den Reichsminister der Justiz folgendes mit:

„Betreff: Strafsache gegen Graf Wilhelm. – Die Vollstreckung des Todesurteils gegen den Nebengenannten hat am 12. Oktober 1943 im Strafgefängnis München Stadelheim stattgefunden. Der Hinrichtungsvorgang dauerte vom Verlassen der Zelle an gerechnet 1 Minute 11 Sekunden, von der Übergabe an den Scharfrichter bis zum Fall des Beiles 11 Sekunden. Zwischenfälle oder sonstige Vorkommnisse von Bedeutung sind nicht zu berichten. Gez. Kummer.“[4]

So nüchtern sieht in dieser unheilvollen Zeit das gewaltsame Ende eines Menschlebens in der Akte der Staatsanwaltschaft München aus.

Abb. 114: Friedhof Perlacher Forst in München (2022)

Willi Graf wird am 13. Oktober 1943 im Feld 66, Grab 18, auf dem Friedhof Perlacher Forst, auf dem auch schon die Geschwister Scholl, Christoph Probst und Alexander Schmorell begraben sind, beigesetzt.

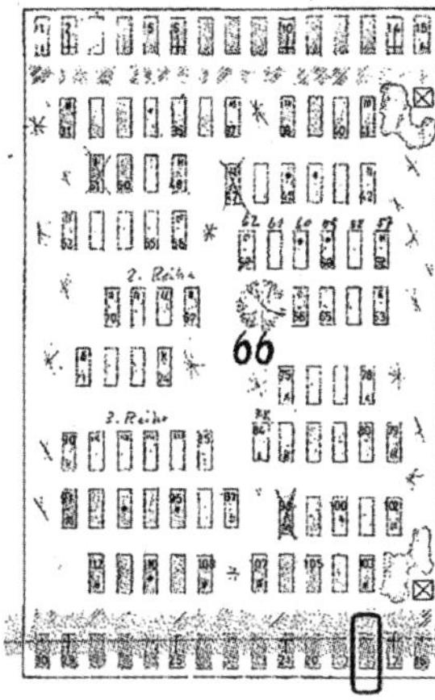

Abb. 115: Plan des Feldes 66 auf dem Friedhof Perlacher Forst

Der Vater Gerhard Graf sorgt dafür, dass der Leichnam seines Sohnes in München am 25. Oktober 1946 exhumiert und nach Saarbrücken überführt wird.

Am 4. November 1946 erhält er auf dem alten Friedhof von St. Johann ein Ehrengrab. Die Beisetzung geschieht aber keineswegs stillschweigend, sondern viele Bürgerinnen und Bürger haben längst erkannt, dass sie mit Willi Graf einen jungen Bürger hatten, auf den sie stolz sein können.

So wird zunächst ein Gottesdienst in der Kirche St. Johann gefeiert. Ein langer Trauerzug begleitet den Sarg anschließend zum Friedhof.

Abb. 116: Trauerzug zum Friedhof am 4. November 1946

Bei der Beisetzung sind auch der Saarbrücker Bürgermeister Dr. Singer, Vertreter der französischen Militärregierung sowie vieler Organisationen und Parteien anwesend. Die Ansprachen halten der Saarbrücker Jugendseelsorger Rektor Gellweiler, Bürgermeister Dr. Singer sowie Vertreter der Vereinigung der Opfer des Faschismus und der Kommunistischen Partei.

Abb. 117: Ehrengrab von Willi Graf auf dem alten Friedhof St. Johann in Saarbrücken (2022)

Hier scheint die Familie fast wieder vereint zu sein, denn auch die Eltern finden in diesem Grab ihre letzte Ruhestätte. Rechts neben dem Ehrengrab liegen die Schwester Mathilde und ihr Mann Oskar Baez begraben.

Beim Grab befindet sich ein Gedenkstein mit der Aufschrift

„WILLI GRAF.
EIN KÄMPFER
GEGEN DIE
NATIONALSO-
ZIALISTISCHE
GEWALT-
HERRSCHAFT
IN DER STU-
DENTISCHEN
WIDER-
STANDSBEWE-
GUNG WEISSE
ROSE. HINGE-
RICHTET AM
12. OKTOBER
1943.“

Abb. 118: Gedenkstein beim Grab (2022)

Die Saarbrücker Zeitung berichtet in ihrer Ausgabe vom 7. November 1946 von der Überführung und Beisetzung Willi Grafs. Der Artikel hierzu ist verhältnismäßig kurz, was aber für 1946 wegen des Papiermangels durchaus nicht ungewöhnlich ist.

Abschied von Willi Graf

Am Montag fand in Anwesenheit hoher Persönlichkeiten der Militärregierung, des öffentlichen Lebens und der Parteien die Beisetzung des vom nationalsozialistischen Volksgerichtshof in München zum Tode verurteilten stud. med. Willi Graf statt. Willi Graf, der Organisator der Münchener Studentenrevolte, wurde am 19. April 1943 vom Volksgerichtshof zum Tode verurteilt, und nach langen bangen Monaten der Haft wurde das Urteil am 12. Oktober 1943 vollstreckt. „Mit Freuden will ich das Kreuz tragen," schrieb er seinen Lieben nach Hause und war bereit zum Opfer seines jungen Lebens.

Nach den liturgischen Feierlichkeiten in der St. Johanner Kirche bewegte sich ein riesiger Leichenzug zum alten Friedhof in St. Johann. Ein großes Aufgebot der katholischen Jugendbewegung trug dem Leichenzug ihre Banner voran. Am Grabe, das auf dem Friedhof zentral angelegt ist, hielt der Jugendseelsorger des Dekanats Saarbrücken, Rektor Gellweiler, die Abschiedsrede. „Im Glaubenskampf," so führte Rektor Gellweiler aus, „gegen die Unterdrückung der Kirche, für die Freiheit, für den Frieden der Welt und gegen den Haß der Völker hat er sein Leben hingegeben. Und wieder, wie schon so oft, hat sich das Wort Jesu Christi bewahrheitet: In diesem Zeichen wirst du siegen." Anschließend hielt der Präsident der Vereinigung Opfer des Faschismus eine kurze Ansprache, in der er besonders auf die tapfere Haltung Willi Grafs hinwies, und legte im Namen der Vereinigung Opfer des Faschismus einen Kranz nieder. Ihm schloß sich an Bürgermeister Dr. Singer im Namen der Stadt Saarbrücken und ein Vertreter der Kommunistischen Partei.

„Willi Graf, Deine Richter sind gerichtet, Deinen Leib haben sie getötet, aber Dein Geist wird in unseren Herzen weiterleben als ewige Mahnung und als Wegweiser in eine bessere Zukunft." Ps.

Abb. 119: Bericht der Saarbrücker Zeitung vom 7. November 1946 über die Beisetzung von Willi Graf

Das nunmehr leere Grab von Willi Graf auf dem Friedhof in München wird Jahrzehnte später wieder belegt und zwar mit Regina Degkwitz geb. Renner. Es war ihr letzter Wunsch, in seinem Grab beigesetzt zu werden. Sie kannte ihn gut und verehrte ihn. Das berühmte Foto von Jürgen Wittenstein bei der Verabschiedung der Soldaten am Ostbahnhof in München zeigt sie in der Gruppe.

Abb. 120: Regina Degkwitz geb. Renner bei der Verabschiedung der Soldaten an die Ostfront

24 Die Prozesse nehmen kein Ende

Die Gerichtsverhandlungen am 22. Februar, 19. April und 13. Juli 1943 bleiben nicht die einzigen in Sachen „Weiße Rose". Es ist unglaublich, aber die Mühlen der nationalsozialistischen Justiz mahlen weiter. Ihr reichen sechs Todesurteile nicht.

Vor der Strafkammer des Landgerichtes Saarbrücken steht am 3. April 1944 Willi Bollinger. Er wird in diesem vierten Prozess wegen „Nichtanzeige eines hochverräterischen Unternehmens" zu drei Monaten Gefängnis verurteilt.

Nachdem viele Gerichtsgebäude und Säle im Deutschen Reich durch die Bombenangriffe der Alliierten unbrauchbar geworden sind, findet der fünfte Prozess am 13. Oktober 1944 im Amtsgerichtsgebäude in Donauwörth statt. Der 2. Senat des Volksgerichtshofes fällt folgende Urteile:

– Lieselotte Dreyfeldt	Freispruch
– Wolfgang Erlenbach	2 Jahre Gefängnis
– Valentin Freise	1 Jahr Gefängnis
– Marie-Luise Jahn	12 Jahre Zuchthaus
– Hans Leipelt	Todesurteil
– Hedwig Schulz	2 Jahre Zuchthaus
– Franz Treppesch	Freispruch

Das Todesurteil gegen Hans Leipelt wird am 13. Oktober 1944 durch das Fallbeil im Gefängnis Stadelheim vollstreckt. Auch er wird auf dem Friedhof am Perlacher Forst begraben. Tragisch ist es zudem, dass seine Mutter nach ihrer Verhaftung im Dezember 1943 im Gefängnis Fuhlsbüttel in ihrer Zelle Selbstmord begangen hatte. Seine Schwester Maria ist ebenfalls in den Hamburger Widerstand integriert. Sie wird jedoch von den Amerikanern aus dem Gefängnis befreit, noch bevor ihr der Prozess gemacht werden kann.

Abb. 121: Foto von Hans Leipelt; Bodendenkmal des Künstlers Robert Schmidt-Matt vor der Universität in München (2022)

Und immer noch kein Ende! Die NS-Justiz arbeitet bis zur Kapitulation intensiv weiter und verurteilt Widerständler. So findet noch kurz vor Kriegsende an vier Prozesstagen vom 17. bis 20. April 1945 in Hamburg ein Prozess gegen dortige Widerständler im Zusammenhang mit der „Weißen Rose“ statt.

Die Urteile lauten:

– Rudolf Degkwitz	1 Jahr Gefängnis
– Felix Jud	4 Jahre Zuchthaus
– Heinz Kucharski	Todesurteil
– Ilse Ledien	Freispruch
– Thorsten Müller	Kein Urteil (Aussetzung der Hauptverhandlung)

Heinz Kucharski hat Glück im Unglück. Auf der Fahrt zur Hinrichtung gerät das Transportfahrzeug in einen englischen Fliegerangriff bei Grevesmühlen. In der allgemeinen Verwirrung kann er fliehen.

Gegen andere kommt es nicht mehr zum Prozess, da sie von den Alliierten bereits befreit wurden.

Nicht unerwähnt bleiben darf die Tatsache, dass aus dem Widerstandskreis in Hamburg auch einige ihr Leben in Konzentrationslagern oder Gefängnissen verlieren. Auch sie sollen nicht vergessen sein.

Damit werden im Zusammenhang mit der „Weißen Rose“ und ihrem Umfeld insgesamt sieben Todesurteile vollstreckt. Sie sind auch in der Bronzetafel des Künstlers Lothar Dietz im Lichthof der Ludwig-Maximilian-Universität München dargestellt.

Abb. 122: Bronzetafel des Künstlers Lothar Dietz (2022)

25 Kapitulation Deutschlands und Bilanz der „Weißen Rose"

Über fünf Jahre dauert schon der erbarmungslose Krieg. Deutschland ist durch Bomben zerstört und kaum einer kann wirklich noch ernsthaft an eine Kriegswende glauben, selbst Adolf Hitler nicht. Er nimmt sich am 30. April 1945 in seinem Bunker in Berlin das Leben und entzieht sich damit der Verantwortung vor seinen irdischen Richtern.

Am 7. Mai 1945 unterzeichnet Generaloberst Alfred Jodl in Reims die bedingungslose Kapitulation der deutschen Wehrmacht, die am 8. Mai 1945 um 23 Uhr in Kraft tritt.

Abb. 123: Generaloberst Jodl unterzeichnet die Kapitulation der deutschen Wehrmacht.

Das „Tausendjährige Reich“ und der Zweite Weltkrieg sind damit zu Ende. Deutschland ist in der Welt geächtet, aber wenigstens ist das Land wieder befriedet und von der Tyrannei der Nationalsozialisten befreit.

Aachener Nachrichten

Der Krieg ist aus!

Bedingungslose Kapitulation!

Der Augenblick des alliierten Sieges ist da

König Georgs Glückwunsch an General Eisenhower

Stalin Truman Churchill

Die Staatsmänner, die den Kampf um Freiheit und Recht gegen die faschistischen Unterdrücker siegreich führten.

Hitler Mussolini

Dönitz streckt die Waffen

Abb. 124: Ausgabe der Aachener Nachrichten vom 8. Mai 1945

Es beginnt nun die Verfolgung der Verantwortlichen. Einige Kriegsverbrecher können festgenommen und ihrer verdienten Strafe zugeführt werden, andere schaffen es aber, durch das Netz der Fahnder zu fallen. Sie bleiben daher weitgehend ungeschoren. Einigen gelingt es sogar, im Nachkriegsdeutschland wieder in einflussreiche gesellschaftliche Positionen zu kommen.

Die umfangreichen Bemühungen der Alliierten um eine Entnazifizierung der deutschen Bevölkerung gestalten sich schwierig und langwierig. Außerdem macht es einen Unterschied, ob ein Mensch auf dem Papier als entnazifiziert gilt oder ob er sich auch innerlich vom Gedankengut der Nationalsozialisten wirklich losgesagt hat.

Abb. 125: Ausfüllen von Fragebögen in der britischen Zone zur Entnazifizierung bei Hamburg (1945)

Umgekehrt nehmen die Aufarbeitung und Anerkennung des deutschen Widerstandes gegen Hitler lange Zeit in Anspruch. In den ersten Nachkriegsjahren haftet dem Widerstand bei vielen Menschen nach wie vor der Beigeschmack des Verrätertums an. Es werden noch manche Jahre ins Land gehen, bis den mutigen Menschen des Widerstandes die Rehabilitierung und Anerkennung zuteilwird, die ihr Handeln verdient hat.

Die Kernmitglieder der „Weißen Rose“ und ihr Umfeld haben einen hohen Preis für ihre Widerstandstätigkeit bezahlt. Sie setzten ihr Leben ein für ein besseres Deutschland. Es war ein Aufstand des Gewissens.

Den Erfolg der „Weißen Rose“ zu beurteilen, bedarf einer differenzierten Betrachtung.

Abb. 126: Denkmal des Künstlers Robert Schmidt-Matt für die „Weiße Rose“ auf dem Boden vor dem Haupteingang der Universität in München (2022)

Oberflächlich betrachtet dürfte das Wirken der „Weißen Rose" ohne nennenswerte Auswirkungen auf den Kriegsverlauf gewesen sein.

Wir wissen heute, dass der Krieg noch über zwei Jahre nach den Flugblattaktionen dauerte. Die Kernmitglieder der „Weißen Rose" gingen da bei ihren Aktionen von einer anderen Prognose aus. Die Niederlage von Stalingrad schien für den Widerstand vieles möglich zu machen. Daneben ist auch bekannt, dass die große Mehrheit des deutschen Volkes bis zur Kapitulation eben nicht zum Widerstand zu bewegen war, sei es aus nationalsozialistischer Überzeugung oder aus Angst heraus. Anpassung diente dem eigenen Überleben.

Die Studenten und Professor Kurt Huber haben in ihrer Zeit mit den Erfahrungen ihres Lebens, mit den Informationen, die ihnen zur Verfügung standen und aus einem ausgeprägten Verantwortungsbewusstsein heraus gehandelt. Sie haben es in Kauf genommen, als Volksverräter unter der Guillotine zu sterben. Und durch sie anerkennt die Welt, dass Deutschland nicht nur aus Nationalsozialisten bestand, sondern es auch Andersdenkende gab. Die in der Einführung wiedergegebenen Worte von Winston Churchill belegen anschaulich diese Überzeugung.

Der Erfolg der „Weißen Rose" darf wohl weniger in den Kriegstagen selbst zu suchen sein, sondern vielmehr in der Wirkung, die diese Widerstandsgruppe im Nachkriegsdeutschland entfaltet hat. Die „Weiße Rose" lehrt uns: Von deutschem Boden darf nie wieder ein Krieg ausgehen!

In diesem Kapitel soll ein in der Öffentlichkeit viel zu wenig beachteter Aspekt Beachtung finden. Bei aller Begeisterung für die Menschen des Widerstandes dürfen die nicht vergessen werden, die dafür neben den Widerständlern selbst leiden mussten. Die Akteure der „Weißen Rose" haben nicht nur ihre eigene Freiheit und sogar ihr eigenes Leben aufs Spiel gesetzt, sondern auch das ihrer Verwandten, die u.a. mit der Sippenhaft belegt worden sind. Diese wurden vorher nicht eingeweiht, sondern bei ihnen stand plötzlich die Gestapo vor der Tür, um sie ins Gefängnis abzuholen.

Das vorliegende Buch möchte auch diesen Menschen eine Stimme geben und ihnen ein Andenken bewahren. Letztendlich bleibt wohl nur die Einsicht, dass deren Leiden um der Sache willen in Kauf genommen werden musste und daher praktisch unvermeidbar war. Sie haben aber dadurch ihren eigenen Anteil am Widerstand, wenn auch ungewollt.

26 Verehrung durch die Nachwelt

Es war nicht nur der große Trauerzug bei der Überführung des Leichnams, sondern Willi Graf wurden posthum noch zahlreiche andere Ehrungen zuteil.

An der Hauswand des „Johannishofes“ in der Mainzer Str. 30 in Saarbrücken wurde eine von Johannes Schütz 1990 entworfene Gedenktafel angebracht mit einem Zitat aus einem Brief an seine Schwester Anneliese „Jeder einzelne trägt die ganze Verantwortung“ und ergänzt mit einem Zitat aus seiner letzten Botschaft vor der Enthauptung „… weitertragen, was wir begonnen haben“.

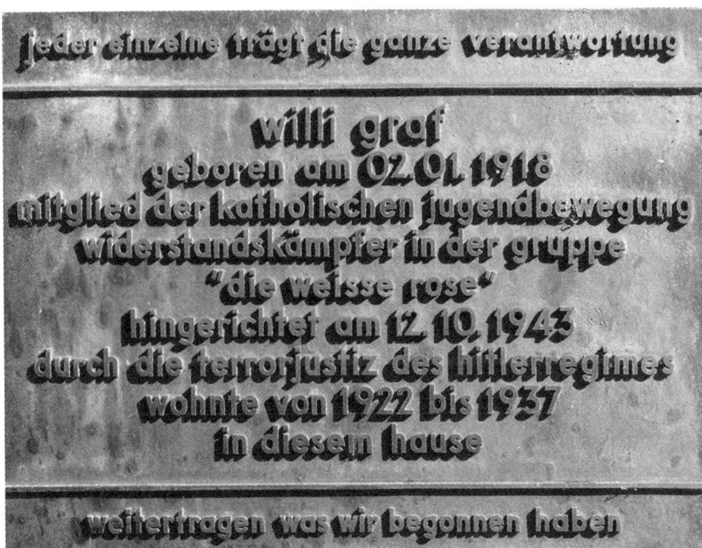

Abb.127: Gedenktafel am „Johannishof“ in Saarbrücken (2022)

Als sich 2003 der 60. Todestag von Willi Graf näherte, erreichten den damaligen Saarbrücker Bürgermeister Kajo Breuer einige Schreiben, die sich für eine Ernennung Willi Grafs zum Ehrenbürger einsetzten. Nun war dieser Wunsch für die Landeshauptstadt grundsätzlich nicht ganz neu, denn es gab wohl auch bereits in den 60er und 70er Jahren solche Überlegungen, aber letztendlich blieb diesen Anläufen aus juristischen Gründen der Erfolg versagt. Aus dem Umstand, dass eine Ehrenbürgerschaft mit dem Tod des Geehrten endet, folgt, dass eine solche nur an lebende Menschen und nicht posthum verliehen werden kann.

Die Stadt Saarbrücken stand damit also vor einem rechtlichen Problem. Indes gab die Stadtverwaltung trotz dieser eindeutigen Rechtslage nicht auf. So wurden der Deutsche Städtetag und der Saarländische Städte- und Gemeindetag um Stellungnahme gebeten. Der Saarländische Städte- und Gemeindetag schlug eine symbolische Verleihung der Ehrenbürgerwürde an Willi Graf vor.[1] Eine solche Lösung berücksichtigte einerseits die Rechtslage, aber andererseits die überaus großen Verdienste Willi Grafs im Widerstand gegen ein menschenverachtendes Regime, das unendlich viel Leid über die Welt gebracht hatte.

Am 30. September 2003 stimmte der Stadtrat einstimmig zu. Genau am 60. Todestag, nämlich am 12. Oktober 2003, erfolgte dann die symbolische Verleihung der Ehrenbürgerschaft. Zunächst wurde um 17 Uhr gemeinsam das Grab auf dem alten Friedhof St. Johann besucht. Daran schloss sich um 18.30 Uhr ein Gedenkgottesdienst in der Basilika

St. Johann an. Zelebrant war der damalige Bischof von Trier, Dr. Reinhard Marx.

Abends folgte schließlich der Festakt, u.a. mit Reden von Bürgermeister Kajo Breuer, Bischof Dr. Reinhard Marx und Anneliese Knoop-Graf, die stellvertretend für ihren ermordeten Bruder die Ehrenbürgerurkunde in Empfang nahm, nachdem sie sich zuvor in das Goldene Buch der Stadt Saarbrücken eingetragen hatte.

Damit aber nicht genug! Mit Hilfe einer Spendenaktion konnte der Saarbrücker Künstler Hans Schröder beauftragt werden, eine Bronze-Büste von Willi Graf zu schaffen, die heute noch im Treppenhaus des Rathauses St. Johann steht.

Abb. 128: Bronzebüste des Saarbrücker Künstlers Hans Schröder im Rathaus (2022)

Anlässlich des 66. Todestages richtete die Landeshauptstadt 2009 in der Einsegnungshalle des Friedhofes, die ganz nahe beim Ehrengrab des Saarbrücker Widerstandskämpfers liegt, eine Dauerausstellung zum Leben von Willi Graf ein. Diese wurde aber zum Zeitpunkt der Fertigstellung dieses Buches überarbeitet.

Ferner beschloss der Stadtrat am 10. September 2013, die untere Berliner Promenade einschließlich der Bereiche vom Ende des Bürgerparks (Congresshallle) bis zum Beginn des Stadens „Willi-Graf-Ufer" zu benennen.

Abb. 129: Willi-Graf-Ufer in Saarbrücken (2022)

Eine besonders schöne und originelle Idee hatte eine junge Frau aus einer Jugendgruppe der Kirche der Jugend Elija in Saarbrücken. Sie unterbreitete den Vorschlag für eine Gedenkglocke. Als eine alte Glocke, die nach dem Abriss eines Kirchturmes nicht mehr benötigt wurde und seitdem in der Werkstatt eines Kunstschmieds in Schmelz-Primisweiler lagerte, zur Verfügung stand, wurde die Idee kurzerhand umgesetzt.

Für den damaligen Pfarrer und heutigen Dekan Christian Heinz stellte die Realisierung dieser Idee einen Höhepunkt seines priesterlichen Wirkens in Saarbrücken dar:

Abb. 130: Dekan Christian Heinz

„Die Idee zu einer Willi-Graf-Glocke entstand 2018 anlässlich des 100. Geburtstages von Willi Graf. Die Überlegung dabei war, dass es in Saarbrücken eigentlich kein richtiges Denkmal

für ihn gibt. Schließlich kamen wir auf den Gedanken, irgendwo eine stillgelegte Glocke zu übernehmen und daraus dann eine Willi-Graf-Glocke zu machen. Das verstanden wir als unseren Beitrag zu einer Gedächtniskultur für unseren Saarbrücker Widerstandskämpfer. Jedenfalls war damit die Idee geboren und sie musste jetzt nur noch umgesetzt werden.

Die praktische Umsetzung gestaltete sich dann aber doch etwas schwieriger als erwartet. Die Glocke musste bautechnisch in den Turm passen, und auch die Mittel für die Glocke und deren Einbau waren zunächst nicht vorhanden. Wir bekamen aber unerwartet viele Spenden, die es uns ermöglichten, das Projekt in Angriff zu nehmen.

Unabhängig davon kam 2018 die Anfrage von der ARD, ob wir bereit wären, an Allerheiligen den Gottesdienst aus unserer Kirche deutschlandweit zu übertragen. Das war natürlich eine Chance für eine Jugendgemeinde. Dies wiederum führte zu der Überlegung, ob dieser Gottesdienst dann nicht gleichzeitig für die Weihe der Glocke genutzt werden könnte. Abgesehen davon, dass unsere vorgesehene Glocke ja schon geweiht war, reichte es mit einer Fertigstellung bis Allerheiligen natürlich nicht. Wie es eben in solchen Projekten nun mal üblich ist, dauert es von der Idee bis zu deren abgeschlossener Umsetzung doch meist länger als in der Begeisterung angenommen.

So vergingen noch zwei Jahre, bis dann endlich die Glocke im Turm war. Sie stammte aus einer abgerissenen Kirche in Schmelz im Saarland, und wir kauften sie für den symbolischen Preis von 1 € ab. Schließlich war es 2020 zum Todestag von Willi Graf soweit, dass die Glocke in Betrieb genommen werden konnte. Im Rahmen eines sehr schönen Gottesdienstes läutete der damalige Landtagspräsident des Saarlandes, Stephan Toscani, als Erster die Glocke. Das war schon ein erhebender Moment.

Abb. 131: Willi-Graf-Glocke in der Jugendkirche eli.ja in Saarbrücken

Wir haben das dann so praktiziert, dass die Glocke jeden Tag zur Todesstunde von Willi Graf, also um 17 Uhr, von Gläubigen geläutet wurde. Es sollte ein lebendiges Denkmal werden. Da gab es anfangs einen regelrechten Run. Schüler, Jugendliche und Erwachsene wollten die Glocke läuten und es gab sogar eine, die das Läutendürfen jemanden als Geburtstagsgeschenk machten. Das war richtig bewegend."[2]

Die jüngste Ehrung nahm der Landtag des Saarlandes am 4. Februar 2022 vor. Er benannte den größten Sitzungssaal im Landtagsgebäude in Saarbrücken in Willi-Graf-Saal.

Schließlich sind in Deutschland einige Schulen und andere Einrichtungen nach Willi Graf benannt:

Abb. 132: Bischöfliche Willi-Graf-Schulen in Saarbrücken (2022)

- Bischöfliche Willi-Graf-Schulen in Saarbrücken (Gymnasium und Realschule)
- Willi-Graf-Schule in St. Ingbert
- Willi-Graf-Schule in Koblenz
- Willi-Graf-Gymnasium in München-Schwabing
- Willi-Graf-Gymnasium in Berlin-Lichterfelde
- Studentenwohnheim Willi Graf in München-Schwabing
- Familienbildungsstätte Willi-Graf-Haus in Neuss
- Pflegeheim „Willi-Graf-Haus“ in Saarbrücken
- Jugendfreizeitstätte Willi-Graf-Haus in Ludwigshafen

Auch zahlreiche Straßen und Plätze sind seinem Andenken gewidmet.

Es erscheint durchaus möglich, dass Willi Graf die höchste aller Ehren noch bevorsteht, nämlich die einer Selig- oder gar Heiligsprechung. Es gibt in der katholischen Kirche dazu vier Wege. Zum einen ist da der Tod als Märtyrer und zum anderen die Erreichung eines heroischen Tugendgrades. Unter heroischem Tugendgrad versteht die Kirche, dass ein Kandidat für eine Selig- oder Heiligsprechung die christlichen Tugenden des Glaubens, der Hoffnung und der Liebe in seinem Leben unter den damals herrschenden Umständen in herausragender Weise gelebt hat. Die beiden anderen Möglichkeiten, nämlich die Hingabe des Lebens mit Todesfolge und das außerordentliche Verfahren auf der Grundlage der Tatsache der Verehrung seit unvordenklichen Zeiten spielen für Willi Graf keine Rolle.

Die Erzdiözese München-Freising hat anlässlich des 100. Geburtstages von Willi Graf die Prüfung eines Seligsprechungsverfahrens angekündigt. Die Initiative dazu ging im Wesentlichen von Pater Karl Kern SJ in München aus. Dem Autor schrieb er, was dazu seine Beweggründe waren:

Abb. 133: Pater Karl Kern SJ

„Ich bin seit 1968 Jesuit und war im Laufe meiner Ausbildung Erwachsener Mitarbeiter im ‚Bund Neudeutschland': in Jugendgruppen, später im Hochschulring, dann im ‚Bund Katholischer Männer und Frauen'. Deshalb wurde ich als ND-Mitglied von der Münchner Gruppe ‚Willi Graf' gebeten, die Predigt zum 70jährigen Todestag von Willi Graf in der Universitätskirche St. Ludwig in München zu halten.

Zu diesem Anlass und zur späteren Eröffnung des Seligsprechungsprozesses hielt ich jeweils die Predigt. Beim Studium seiner Lebensgeschichte und vor allem seiner Briefe ging mir auf, welche Klarsicht und Festigkeit im Glauben dieser junge Mann hatte. Mein spontaner Wunsch: Die heutige junge Generation sollte um solche Glaubensgestalten wissen. Willi Graf führt vor Augen, dass man im Glauben eine Lebensperspektive findet und Widerstandskraft gegen das Böse entwickelt. Leider steht er bei Gedenkfeiern der ‚Weißen Rose' immer im Schatten der Geschwister Scholl.

Für mich war es ein Kontrast, dass beim Gottesdienst am 12. Oktober 2013 fast nur ältere Menschen anwesend waren. So kam mir spontan der Wunsch, die mögliche Seligsprechung nicht nur am Ende der Predigt als Wunsch auszusprechen, sondern Willi Graf mehr bekannt zu machen, zumal die orthodoxe Kirche mit der Heiligsprechung von Alexander Schmorell uns vorangegangen ist und ein Zeichen gesetzt hat. In einer Zeit zunehmender Orientierungslosigkeit und Kirchenferne tut es gut zu wissen, dass es in der katholischen Kirche während der Naziherrschaft junge Menschen gab, die entschieden ihren Glaubensweg gingen - bis hin zum Zeugnis ihres Lebens."[3]

Der Erzbischof von München und Freising ernannte Dr. Johannes Modesto zum Postulator.

Normalerweise ist für eine Seligsprechung auch die Anerkennung eines Wunders erforderlich, das sich auf die Fürsprache des Seligsprechungskandidaten ereignet hat. Nachdem Willi Graf ein Glaubenszeuge ist, der eines gewaltsamen Todes gestorben ist, muss geprüft werden, ob sein Tod als Martyrium verstanden werden kann. In diesem Fall würde die Überwindung der natürlichen Todesfurcht als das im Verfahren erforderliche Wunder gewertet werden. Dies könnte die Sache beschleunigen.

Für die studierende Jugend wäre es ein Zeichen, wenn Willi Graf zur Ehre der Altäre erhoben würde. Das könnte ihm vielleicht auch zu einem Bekanntheitsgrad verhelfen, der seinem mutigen und segensreichen Wirken angemessen wäre. Der Autor bittet die Leserschaft um ein fürbittendes Gebet.

Anhang

Flugblätter der Weißen Rose

I

Nichts ist eines Kulturvolkes unwürdiger, als sich ohne Widerstand von einer verantwortungslosen und dunklen Trieben ergebenen Herrscherclique „regieren" zu lassen. Ist es nicht so, daß sich jeder ehrliche Deutsche heute seiner Regierung schämt, und wer von uns ahnt das Ausmaß der Schmach, die über uns und unsere Kinder kommen wird, wenn einst der Schleier von unseren Augen gefallen ist und die grauenvollsten und jegliches Maß unendlich überschreitenden Verbrechen ans Tageslicht treten? Wenn das deutsche Volk schon so in seinem tiefsten Wesen korrumpiert und zerfallen ist, daß es ohne eine Hand zu regen, im leichtsinnigen Vertrauen auf eine fragwürdige Gesetzmäßigkeit der Geschichte, das Höchste, das ein Mensch besitzt, und das ihn über jede andere Kreatur erhöht, nämlich den freien Willen, preisgibt, die Freiheit des Menschen preisgibt, selbst mit einzugreifen in das Rad der Geschichte und es seiner vernünftigen Entscheidung unterzuordnen, wenn die Deutschen so jeder Individualität bar, schon so sehr zur geistlosen und feigen Masse geworden sind, dann, ja dann verdienen sie den Untergang.

Goethe spricht von den Deutschen als einem tragischen Volke, gleich dem der Juden und Griechen, aber heute hat es eher den Anschein, als sei es eine seichte, willenlose Herde von Mitläufern, denen das Mark aus dem Innersten gesogen und nun ihres Kernes beraubt, bereit sind, sich in den Untergang hetzen zu lassen. Es scheint so – aber es ist nicht so; vielmehr hat man in langsamer, trügerischer, systematischer Vergewaltigung jeden einzelnen in ein geistiges Gefängnis gesteckt, und erst, als er darin gefesselt lag, wurde er sich dieses Verhängnisses bewußt. Wenige nur erkannten das drohende Verderben, und der Lohn für ihr heroisches Mahnen war der Tod. Über das Schicksal dieser Menschen wird noch zu reden sein.

Wenn jeder wartet, bis der Andere anfängt, werden die Boten der rächenden Nemesis unaufhaltsam näher und näher rücken, dann wird auch das letzte Opfer sinnlos in den Rachen des unersättlichen Dämons geworfen sein. Daher muß jeder einzelne seiner Verantwortung als Mitglied der christlichen und abendländischen Kultur bewußt in dieser letzten Stunde sich wehren so viel er kann, arbeiten wider die Geisel der Menschheit, wider den Faschismus und jedes ihm ähnliche System des absoluten Staates. Leistet passiven Widerstand – Widerstand – wo immer ihr auch seid, verhindert das Weiterlaufen dieser atheistischen Kriegsmaschine, ehe es zu spät ist, ehe die letzten Städte ein Trümmerhaufen sind, gleich Köln, und ehe die letzte Jugend des Volkes irgendwo für die Hybris eines Untermenschen verblutet ist. Vergeßt nicht, daß ein jedes Volk diejenige Regierung verdient, die es erträgt!

Aus Friedrich Schiller, „Die Gesetzgebung des Lykurgus und Solon“:
„… Gegen seinen eigenen Zweck gehalten, ist die Gesetzgebung des Lykurgus ein Meisterstück der Staats- und Menschenkunde. Er wollte einen mächtigen, in sich selbst gegründeten, unzerstörbaren Staat; politische Stärke und Dauerhaftigkeit waren das Ziel, wonach er strebte, und dieses Ziel hat er so weit erreicht, als unter seinen Umständen möglich war. Aber hält man den Zweck, welchen Lykurgus sich vorsetzte, gegen den Zweck der Menschheit, so muß eine tiefe Mißbilligung an die Stelle der Bewunderung treten, die uns der erste, flüchtige Blick abgewonnen hat. Alles darf dem Besten des Staates zum Opfer gebracht werden, nur dasjenige nicht, dem der Staat selbst nur als ein Mittel dient. Der Staat selbst ist niemals Zweck, er ist nur wichtig als eine Bedingung, unter welcher der Zweck der Menschheit erfüllt werden kann, und dieser Zweck der

Menschheit ist kein anderer, als Ausbildung aller Kräfte des Menschen, Fortschreitung. Hindert eine Staatsverfassung, daß alle Kräfte, die im Menschen liegen, sich entwickeln; hindert sie die Fortschreitung des Geistes, so ist sie verwerflich und schädlich, sie mag übrigens noch so durchdacht und in ihrer Art noch so vollkommen sein. Ihre Dauerhaftigkeit selbst gereicht ihr alsdann viel mehr zum Vorwurf, als zum Ruhme – sie ist dann nur ein verlängertes Übel; je länger sie Bestand hat, umso schädlicher ist sie.

... Auf Unkosten aller sittlichen Gefühle wurde das politische Verdienst errungen und die Fähigkeit dazu ausgebildet. In Sparta gab es keine eheliche Liebe, keine Mutterliebe, keine kindliche Liebe, keine Freundschaft – es gab nichts als Bürger, nichts als bürgerliche Tugend.

... Ein Staatsgesetz machte den Spartanern die Unmenschlichkeit gegen ihre Sklaven zur Pflicht; in diesen unglücklichen Schlachtopfern wurde die Menschheit beschimpft und mißhandelt. In dem spartanischen Gesetzbuche selbst wurde der gefährliche Grundsatz gepredigt, Menschen als Mittel und nicht als Zwecke zu betrachten – dadurch wurden die Grundfesten des Naturrechts und der Sittlichkeit gesetzmäßig eingerissen.

... Welch schöneres Schauspiel gibt der rauhe Krieger Cajus Marcius in seinem Lager vor Rom, der Rache und Sieg aufopfert, weil er die Tränen der Mutter nicht fließen sehen kann!"

„... Der Staat (des Lykurgus) könnte nur unter der einzigen Bedingung fortdauern, wenn der Geist des Volks stillstünde; er konnte sich also nur dadurch erhalten, daß er den höchsten und einzigen Zweck eines Staates verfehlte."
Aus Goethe „Des Epimenides Erwachen", zweiter Aufzug, vierter Auftritt:

Genien
Doch was dem Abgrund kühn entstiegen,
Kann durch ein ehernes Geschick
Den halben Weltkreis übersiegen,
Zum Abgrund muß es doch zurück.
Schon droht ein ungeheures Bangen,
Vergebens wird er widerstehn!
Und alle, die noch an ihn hangen,
Sie müssen mit zu Grunde gehn.

Hoffnung
Nun begegn' ich meinen Braven,
Die sich in der Nacht versammelt
Um zu schweigen, nicht zu schlafen,
Und das schöne Wort der Freiheit
Wird gelispelt und gestammelt,
Bis in ungewohnter Neuheit
Wir an unsrer Tempel Stufen
Wieder neu entzückte es rufen:

(Mit Überzeugung laut:)
Freiheit!
(gemäßigter)
Freiheit!
(von allen Seiten und Enden Echo:)
Freiheit!
Wir bitten Sie, dieses Blatt mit möglichst vielen Durchschlägen abzuschreiben und weiter zu verteilen!

Flugblätter der Weißen Rose

II

Man kann sich mit dem Nationalsozialismus geistig nicht auseinandersetzen, weil er ungeistig ist. Es ist falsch, wenn man von einer nationalsozialistischen Weltanschauung spricht, denn, wenn es diese gäbe, müßte man versuchen, sie mit geistigen Mitteln zu beweisen oder zu bekämpfen – die Wirklichkeit aber bietet uns ein völlig anderes Bild; schon in ihrem ersten Keim war diese Bewegung auf den Betrug des Mitmenschen angewiesen, schon damals war sie im Innersten verfault und konnte sich nur durch die stete Lüge retten. Schreibt doch Hitler selbst in einer frühen Auflage „seines" Buches (ein Buch, das in dem übelsten Deutsch geschrieben worden ist, das ich je gelesen habe; dennoch ist es von dem Volke der Dichter und Denker zur Bibel erhoben worden): „Man glaubt nicht, wie man ein Volk betrügen muß, um es zu regieren." Wenn sich nun am Anfang dieses Krebsgeschwür des Deutschen Volkes noch nicht allzusehr bemerkbar gemacht hatte, so nur deshalb, weil noch gute Kräfte genug am Werk waren, es zurückzuhalten. Wie es aber größer und größer wurde und schließlich mittels einer letzten gemeinen Korruption zur Macht kam, das Geschwür gleichsam aufbrach und den ganzen Körper besudelte, versteckte sich die Mehrzahl der früheren Gegner, flüchtete die deutsche Intelligenz in ein Kellerloch, um dort als Nachtschattengewächs, dem Licht und der Sonne verborgen, allmählich zu ersticken. Jetzt stehen wir vor dem Ende. Jetzt kommt es darauf an, sich gegenseitig wiederzufinden, aufzuklären von Mensch zu Mensch, immer daran zu denken und sich keine Ruhe zu geben, bis auch der letzte von der äußersten Notwendigkeit seines Kämpfens wider dieses System überzeugt ist. Wenn so eine Welle des Aufruhrs durch das Land geht, wenn „es in der Luft liegt": wenn viele mitmachen, dann kann in einer letzten, gewaltigen Anstrengung dieses System abgeschüttelt werden. Ein Ende mit Schrecken ist immer noch besser, als ein Schrecken ohne Ende.

Es ist uns nicht gegeben, ein endgültiges Urteil über den Sinn unserer Geschichte zu fällen. Aber wenn diese Katastrophe uns zum Heile dienen soll, so doch nur dadurch: Durch das Leid gereinigt zu werden, aus der tiefsten Nacht heraus das Licht zu ersehnen, sich aufzuraffen und endlich mitzuhelfen, das Joch abzuschütteln, das die Welt bedrückt.

Nicht über die Judenfrage wollen wir in diesem Blatte schreiben, keine Verteidigungsrede verfassen – nein, nur als Beispiel wollen wir die Tatsache kurz anführen, die Tatsache, daß seit der Eroberung Polens *dreihunderttausend* Juden in diesem Land auf bestialische Art ermordet worden sind. Hier sehen wir das fürchterlichste Verbrechen an der Würde des Menschen, ein Verbrechen, dem sich kein ähnliches in der ganzen Menschengeschichte an die Seite stellen kann. Auch die Juden sind doch Menschen – man mag sich zur Judenfrage stellen wie man will – und an Menschen wurde solches verübt. Vielleicht sagt jemand, die Juden hätten ein solches Schicksal verdient, diese Behauptung wäre eine ungeheure Anmaßung; aber angenommen, es sagte jemand dies, wie stellt er sich dann zu der Tatsache, daß die gesamte polnische adelige Jugend vernichtet worden ist (Gäbe Gott, daß sie es noch nicht ist!)? Auf welche Art, fragen sie, ist solches geschehen? Alle männlichen Sprößlinge aus adeligen Geschlechtern zwischen 15 und 20 Jahren wurden in Konzentrationslager nach Deutschland zu Zwangsarbeit, alle Mädchen gleichen Alters nach Norwegen in die Bordelle der SS verschleppt. Wozu wir dies Ihnen alles erzählen, da Sie es schon selber wissen, wenn nicht diese, so andere gleich schwere Verbrechen des fürchterlichen Untermenschentums? Weil hier eine Frage berührt wird, die uns alle zutiefst angeht und allen zu denken geben *muß*. Warum verhält sich das deutsche Volk angesichts all dieser scheußlichsten, menschenunwürdigsten Verbrechen so apathisch? Kaum irgendjemand macht sich Gedanken darüber. Die Tatsache wird als solche hingenommen und ad acta gelegt. Und wieder schläft das deutsche Volk in seinem stumpfen, blöden Schlaf weiter und gibt diesen faschistischen Verbrechern Mut und Gelegenheit weiterzuwüten – und diese tun es. Sollte dies ein Zeichen dafür sein, daß die Deutschen in ihren primitivsten menschlichen Gefühlen verroht sind, daß keine Saite in ihnen schrill aufschreit im Angesicht solcher Taten, daß sie in einen tödlichen Schlaf versunken sind, aus dem es kein Erwachen mehr gibt, nie, niemals? Es scheint so und ist es bestimmt, wenn der Deutsche nicht endlich aus dieser Dumpfheit auffährt, wenn er nicht protestiert, wo immer er nur kann gegen diese Verbrecherclique, wenn er mit diesen Hunderttausenden von Opfern nicht mitleidet. Und nicht nur Mitleid muß er empfinden, nein, noch viel mehr: *Mitschuld.* Denn er gibt durch sein apathisches Verhalten diesen dunklen Menschen erst die Möglichkeit, so zu handeln, er leidet diese „Regierung“, die eine so unendliche Schuld auf sich geladen hat, ja, er ist doch selbst schuld daran, daß sie überhaupt entstehen konnte! Ein jeder will sich von einer solchen Mitschuld freisprechen, ein jeder tut es und schläft dann wieder mit ruhigstem, bestem Gewissen. Aber er kann sich nicht freisprechen, ein jeder ist *schuldig, schuldig, schuldig*! Doch ist es noch nicht zu spät, diese abscheulichste aller Mißgeburten von Regierungen aus der Welt zu schaffen, um nicht noch mehr Schuld auf sich zu laden. Jetzt, da uns in den letzten Jahren die Augen vollkommen geöffnet worden sind, da wir wissen, mit wem wir es zu tun haben, jetzt ist es allerhöchste Zeit, diese braune Horde auszurotten. Bis zum Ausbruch des Krieges war der größte Teil des deutschen Volkes geblendet, die Nationalsozialisten zeigten sich nicht in ihrer wahren Gestalt, doch jetzt, da man sie erkannt hat, muß es die einzige und höchste Pflicht, ja heiligste Pflicht eines jeden Deutschen sein, diese Bestien zu vertilgen!

„Der, des Verwaltung unauffällig ist, des
Volk ist froh. Der, des Verwaltung aufdringlich
ist, des Volk ist gebrochen.
Elend, ach, ist es, worauf Glück sich aufbaut.

Glück, ach, verschleiert nur Elend.
Wo soll das hinaus? Das Ende ist nicht abzusehen.
Das Geordnete verkehrt sich in Unordnung,
das Gute verkehrt sich in Schlechtes.
Das Volk gerät in Verwirrung.
Ist es nicht so täglich seit langem?
Daher ist der Hohe Mensch rechteckig,
aber er stößt nicht an, er ist kantig,
aber verletzt nicht, er ist aufrecht,
aber nicht schroff. Er ist klar,
aber will nicht glänzen."
Lao-tse.

„Wer unternimmt, das Reich zu beherrschen, und es nach seiner Willkür zu gestalten; ich sehe ihn sein Ziel nicht erreichen; das ist alles".
„Das Reich ist ein lebendiger Organismus; es kann nicht gemacht werden, wahrlich! Wer daran machen will, verdirbt es, wer sich seiner bemächtigen will, verliert es".
Daher: „Von den Wesen gehen manche vorauf, andere folgen ihnen, manche atmen warm, -manche kalt, manche sind stark, manche schwach, manche erlangen Fülle, andere unterliegen".
„Der hohe Mensch daher läßt ab von Übertriebenheit, läßt ab von Überhebung, läßt ab von Übergriffen".
Lao-tse

Wir bitten, diese Schrift mit möglichst vielen Durchschlägen abzuschreiben und weiterzuverteilen.

Flugblätter der Weißen Rose

III

„Salus publica suprema lex".

Alle idealen Staatsformen sind Utopien. Ein Staat kann nicht rein theoretisch konstruiert werden, sondern er muß ebenso wachsen, reifen, wie der einzelne Mensch. Aber es ist nicht zu vergessen, daß am Anfang einer jeden Kultur die Vorform des Staates vorhanden war. Die Familie ist so alt, wie die Menschen selbst und aus diesem anfänglichen Zusammensein hat sich der vernunftbegabte Mensch einen Staat geschaffen, dessen Grund die Gerechtigkeit und dessen höchstes Gesetz das Wohl aller sein soll. Der Staat soll eine Analogie der göttlichen Ordnung darstellen, und die höchste aller Utopien, die civitas Dei ist das Vorbild, dem er sich letzten Endes nähern soll. Wir wollen hier nicht urteilen über die verschiedenen möglichen Staatsformen, die Demokratie, die konstitutionelle Monarchie, das Königtum usw. Nur eines will eindeutig und klar herausgehoben werden: jeder einzelne Mensch hat einen Anspruch auf einen brauchbaren und gerechten Staat, der die Freiheit des einzelnen als auch das Wohl der Gesamtheit, sichert. Denn der Mensch soll nach Gottes Willen frei und unabhängig im Zusammenleben und Zusammenwirken der staatlichen Gemeinschaft sein natürliches Ziel, sein irdisches Glück in Selbständigkeit und Selbsttätigkeit zu erreichen suchen.

Unser heutiger „Staat" aber ist die Diktatur des Bösen. „Das wissen wir schon lange", höre ich Dich einwenden, „und wir haben es nicht nötig, daß uns dies hier noch einmal vorgehalten wird". Aber, frage ich Dich, wenn ihr das wißt, warum regt ihr euch nicht, warum duldet ihr, daß diese Gewalthaber Schritt für Schritt offen und im Verborgenen eine Domäne eures Rechtes nach der anderen rauben, bis eines Tages nichts, aber auch gar nichts übrigbleiben wird, als ein mechanisiertes Staatsgetriebe, kommandiert von Verbrechern und Säufern? Ist euer Geist schon so sehr der Vergewaltigung unterlegen, daß ihr vergeßt, daß es nicht nur euer Recht, sondern eure *sittliche Pflicht* ist, dieses System zu beseitigen? Wenn aber ein Mensch nicht mehr die Kraft aufbringt, sein Recht zu fordern, dann muß er mit absoluter Notwendigkeit untergehen. Wir würden es verdienen, in alle Welt verstreut zu werden, wie der Staub vor dem Winde, wenn wir uns in dieser zwölften Stunde nicht aufrafften und endlich den Mut aufbrächten, der uns seither gefehlt hat. Verbergt nicht eure Feigheit unter dem Mantel der Klugheit! Denn mit jedem Tag, da ihr noch zögert, da ihr dieser Ausgeburt der Hölle nicht widersteht, wächst eure Schuld gleich einer parabolischen Kurve höher und immer höher.

Viele, vielleicht die meisten Leser dieser Blätter sind sich darüber nicht klar, wie sie einen Widerstand ausüben sollen. Sie sehen keine Möglichkeiten. Wir wollen versuchen, ihnen zu zeigen, daß ein jeder in der Lage ist, etwas beizutragen zum Sturz dieses Systems. Nicht durch individualistische Gegnerschaft, in der Art verbitterter Einsiedler, wird es möglich werden, den Boden für einen Sturz dieser „Regierung" reif zu machen oder gar den Umsturz möglichst bald herbeizuführen, sondern nur durch die Zusammenarbeit vieler überzeugter, tatkräftiger Menschen, Menschen, die sich einig sind, mit welchen Mitteln sie ihr Ziel erreichen können. Wir haben keine reiche Auswahl an solchen Mitteln, nur ein einziges steht uns zur Verfügung – der *passive Widerstand.*

Der Sinn und das Ziel des passiven Widerstandes ist, den Nationalsozialismus zu Fall zu bringen und in diesem Kampf ist vor keinem Weg, vor keiner Tat zurückzuschrecken, mögen sie auf Gebieten liegen, auf welchen sie auch wollen. An allen Stellen muß der Nationalsozialismus angegriffen werden, an denen er nur angreifbar ist. Ein Ende muß diesem Unstaat möglichst bald bereitet werden – ein Sieg des faschistischen Deutschland in diesem Kriege hätte unabsehbare, fürchterliche Folgen. Nicht der militärische Sieg über den Bolschewismus darf die erste Sorge für jeden Deutschen sein, sondern die Niederlage der Nationalsozialisten. Dies muß *unbedingt* an erster Stelle stehn. Die größere Notwendigkeit dieser letzten Forderung werden wir Ihnen in einem unserer nächsten Blätter beweisen.

Und jetzt muß sich ein jeder entschiedene Gegner des Nationalsozialismus die Frage vorlegen: Wie kann er gegen den gegenwärtigen „Staat" am wirksamsten ankämpfen, wie ihm die empfindlichsten Schläge beibringen? Durch den passiven Widerstand – zweifellos. Es ist klar, daß wir unmöglich für jeden einzelnen Richtlinien für sein Verhalten geben können, nur allgemein andeuten können wir, den Weg zur Verwirklichung muß jeder selber finden.

Sabotage in rüstungs- und kriegswichtigen Betrieben, *Sabotage* in allen Versammlungen, Kundgebungen, Festlichkeiten, Organisationen, die durch die nat.soz. Partei ins Leben gerufen werden. Verhinderung des reibungslosen Ablaufs der Kriegsmaschine (einer Maschine, die nur für einen Krieg arbeitet, der allein um die Rettung und Erhaltung der nat.soz. Partei und ihrer Diktatur geht). *Sabotage* auf allen wissenschaftlichen und geistigen Gebieten, die für eine Fortführung des gegenwärtigen Krieges tätig sind – sei es in Universitäten, Hochschulen, Laboratorien, Forschungsanstalten, technischen Büros. *Sabotage* in allen Veranstaltungen kultureller Art, die das „Ansehen" der Faschisten im Volk heben könnten. *Sabotage* in allen Zweigen der bildenden Künste, die nur im geringsten im Zusammenhang mit dem Nationalsozialismus stehen und ihm dienen. Sabotage in allem Schrifttum, allen Zeitungen, die im Solde der „Regierung" stehen, für ihre Ideen, für die Verbreitung der braunen Lüge, kämpfen. Opfert nicht einen Pfennig bei Straßensammlungen (auch wenn sie unter dem Deckmantel wohltätiger Zwecke durchgeführt werden). Denn dies ist nur eine Tarnung. In Wirklichkeit kommt das Ergebnis weder dem Roten Kreuz noch den Notleidenden zugute. Die Regierung braucht dies Geld nicht, ist auf diese Sammlungen finanziell nicht angewiesen – die Druckmaschinen laufen ja ununterbrochen und stellen jede beliebige Menge von Papiergeld her. Das Volk muß aber dauernd in Spannung gehalten werden, nie darf der Druck der Kandare nachlassen! Gebt nichts für die Metall-, Spinnstoff- und andere Sammlungen! Sucht alle Bekannte auch aus den unteren Volksschichten, von der Sinnlosigkeit einer Fortführung, von der Aussichtslosigkeit dieses Krieges, von der geistigen und wirtschaftlichen Versklavung, von der Zerstörung aller sittlichen und religiösen Werte durch den Nationalsozialismus zu überzeugen und zum *passiven Widerstand* zu veranlassen!

Aristoteles „Über die Politik": „...Ferner gehört es (zum Wesen der Tyrannis) dahin zu streben, daß ja nichts verborgen bleibe, was irgend ein Untertan spricht oder tut, sondern überall Späher ihn belauschen ... ferner alle Welt miteinander zu verhetzen und Freunde mit Freunden zu verfeinden und das Volk mit den Vornehmen und die Reichen unter sich. Sodann gehört es zu solchen tyrannischen Maßregeln, die Untertanen arm zu machen, damit die Leibwache besoldet werden kann, und sie, mit der Sorge um ihren täglichen Erwerb beschäftigt, keine Zeit und Muße haben, Verschwörungen anzustiften ... Ferner aber auch solche hohe Einkommensteuern, wie die in Syrakus auferlegten, denn unter Dionysios hatten die Bürger dieses Staates in fünf Jahren glücklich ihr ganzes Vermögen in Steuern ausgegeben. Und auch beständig Kriege zu erregen ist der Tyrann geneigt ..."
Bitte vervielfältigen und weitergeben!

Flugblätter der Weißen Rose

IV

Es ist eine alte Weisheit, die man Kindern immer wieder aufs neue predigt, daß wer nicht hören will, fühlen muß. Ein kluges Kind wird sich aber die Finger nur einmal am heißen Ofen verbrennen.

In den vergangenen Wochen hatte Hitler sowohl in Afrika, als auch in Rußland Erfolge zu verzeichnen. Die Folge davon war, daß der Optimismus auf der einen, die Bestürzung und der Pessimismus auf der anderen Seite des Volkes mit einer der deutschen Trägheit unvergleichlichen Schnelligkeit anstieg. Allenthalben hörte man unter den Gegnern Hitlers, also unter dem besseren Teil des Volkes, Klagerufe, Worte der Enttäuschung und der Entmutigung, die nicht selten in dem Ausruf endigten: „Sollte nun Hitler doch…?"

Indessen ist der deutsche Angriff auf Ägypten zum Stillstand gekommen, Rommel muß in einer gefährlich exponierten Lage verharren – aber noch geht der Vormarsch im Osten weiter. Dieser scheinbare Erfolg ist unter den grauenhaftesten Opfern erkauft worden, sodaß er schon nicht mehr als vorteilhaft bezeichnet werden kann. Wir warnen daher vor *jedem* Optimismus.
Wer hat die Toten gezählt, Hitler oder Goebbels – wohl keiner von beiden. Täglich fallen in Rußland Tausende. Es ist die Zeit der Ernte, und der Schnitter fährt mit vollem Zug in die reife Saat. Die Trauer kehrt ein in die Hütten der Heimat, und niemand ist da, der die Tränen der Mütter trocknet. Hitler aber belügt die, deren teuerstes Gut er geraubt und in den sinnlosen Tod getrieben hat.

Jedes Wort, das aus Hitlers Munde kommt, ist Lüge: Wenn er Frieden sagt, meint er den Krieg, und wenn er in frevelhaftester Weise den Namen des Allmächtigen nennt, meint er die Macht des Bösen, den gefallenen Engel, den Satan. Sein Mund ist der stinkende Rachen der Hölle und seine Macht ist im Grunde verworfen. Wohl muß man mit rationalen Mitteln den Kampf wider den nationalsozialistischen Terrorstaat führen; wer aber heute noch an der realen Existenz der dämonischen Mächte zweifelt, hat den metaphysischen Hintergrund dieses Krieges bei weitem nicht begriffen. Hinter dem konkreten, hinter dem sinnlich Wahrnehmbaren, hinter allen sachlichen logischen Überlegungen, steht das Irrationale, d. i. der Kampf wider den Dämon, wider den Boten des Antichrists. Überall und zu allen Zeiten haben die Dämonen im Dunkeln gelauert auf die Stunde, da der Mensch schwach wird, da er seine ihm von Gott auf Freiheit gegründete Stellung im ordo eigenmächtig verläßt, da er dem Druck des Bösen nachgibt, sich von den Mächten höherer Ordnung loslöst und so, nachdem er den ersten Schritt freiwillig getan, zum zweiten und dritten und immer mehr getrieben wird mit rasend steigender Geschwindigkeit – überall und zu allen Zeiten der höchsten Not sind Menschen aufgestanden, Propheten, Heilige, die ihre Freiheit gewahrt hatten, die auf den Einzigen Gott hinwiesen und mit seiner Hilfe das Volk zur Umkehr mahnten. Wohl ist der Mensch frei, aber er ist wehrlos wider das Böse ohne den wahren Gott, er ist wie ein Schiff ohne Ruder, dem Sturme preisgegeben, wie ein Säugling ohne Mutter, wie eine Wolke, die sich auflöst.

Gibt es, so frage ich Dich, der Du ein Christ bist, gibt es in diesem Ringen um die Erhaltung Deiner höchsten Güter ein Zögern, ein Spiel mit Intrigen, ein Hinausschieben der Entscheidung in der Hoffnung, daß ein anderer die Waffen erhebt, um Dich zu verteidigen? Hat Dir nicht Gott selbst die Kraft und den Mut gegeben zu kämpfen? Wir müssen das Böse dort angreifen, wo es am mächtigsten ist, und es ist am mächtigsten in der Macht Hitlers.

„Ich wandte mich und sah an alles Unrecht, das geschah unter der Sonne; und siehe, da waren Tränen derer, so Unrecht litten und hatten keinen Tröster; und die ihnen Unrecht taten, waren zu mächtig, daß sie keinen Tröster haben konnten. Da lobte ich die Toten, die schon gestorben waren, mehr denn die Lebendigen, die noch das Leben hatten…" (Sprüche)

Novalis: „Wahrhafte Anarchie ist das Zeugungselement der Religion. Aus der Vernichtung alles Positiven hebt sie ihr glorreiches Haupt als neue Weltstifterin empor… Wenn Europa wieder erwachen wollte, wenn ein Staat der Staaten eine politische Wissenschaftslehre uns bevorstände! Sollte etwa die Hierarchie… das Prinzip des Staatenvereins sein? … Es wird solange Blut über Europa strömen, bis die Nationen ihren fürchterlichen Wahnsinn gewahr werden, der sie im Kreis herumtreibt, und von heiliger Musik getroffen und besänftigt, zu ehemaligen Altären in bunter Vermischung treten, Werke des Friedens vornehmen und ein großes Friedensfest auf den rauchenden Walstätten mit heißen Tränen gefeiert wird. Nur die Religion kann Europa wieder aufwecken und das Völkerrecht sichern und die Christenheit mit neuer Herrlichkeit sichtbar auf Erden in ihr friedenstiftendes Amt installieren."

Wir weisen eindrücklich darauf hin, daß die Weiße Rose nicht im Solde einer ausländischen Macht steht. Obgleich wir wissen, daß die nationalsozialistische Macht militärisch gebrochen werden muß, suchen wir eine Erneuerung des schwerverwundeten deutschen Geistes von innen her zu erreichen. Dieser Wiedergeburt muß aber die klare Erkenntnis aller Schuld, die das deutsche Volk auf sich geladen hat, und ein rücksichtsloser Kampf gegen Hitler und seine allzuvielen Helfershelfer, Parteimitglieder, Quislinge usw. vorausgehen. Mit aller Brutalität muß die Kluft zwischen dem besseren Teil des Volkes und allem, was mit dem Nationalsozialismus zusammenhängt, aufgerissen werden. Für Hitler und seine Anhänger gibt es auf dieser Erde keine Strafe, die ihren Taten gerecht wäre. Aber aus Liebe zu kommenden Generationen muß nach Beendigung des Krieges ein Exempel statuiert werden, daß niemand auch nur die geringste Lust je verspüren sollte, Ähnliches aufs neue zu versuchen. Vergeßt auch nicht die kleinen Schurken dieses Systems, merkt Euch die Namen, auf daß keiner entkomme! Es soll ihnen nicht gelingen, in letzter Minute noch nach all diesen Scheußlichkeiten die Fahne zu wechseln und so zu tun, als ob nichts gewesen wäre!

Zu Ihrer Beruhigung möchten wir noch hinzufügen, daß die Adressen der Leser der Weißen Rose nirgendwo schriftlich niedergelegt sind. Die Adressen sind willkürlich Adressbüchern entnommen.

Wir schweigen nicht, wir sind Euer böses Gewissen, die Weiße Rose läßt Euch keine Ruhe!

Bitte vervielfältigen und weitersenden!

V. Flugblatt
Flugblätter der Widerstandsbewegung in Deutschland

Aufruf an alle Deutsche!
Der Krieg geht seinem sicheren Ende entgegen. Wie im Jahre 1918 versucht die deutsche Regierung, alle Aufmerksamkeit auf die wachsende U-Bootgefahr zu lenken, während im Osten die Armeen unaufhörlich zurückströmen, im Westen die Invasion erwartet wird. Die Rüstung Amerikas hat ihren Höhepunkt noch nicht erreicht, aber heute schon übertrifft sie alles in der Geschichte seither Dagewesene. Mit mathematischer Sicherheit führt Hitler das deutsche Volk in den Abgrund. *Hitler kann den Krieg nicht gewinnen, nur noch verlängern!* Seine und seiner Helfer Schuld hat jedes Maß unendlich überschritten. Die gerechte Strafe rückt näher und näher!

Was aber tut das deutsche Volk? Es sieht nicht und es hört nicht. Blindlings folgt es seinen Verführern ins Verderben. Sieg um jeden Preis, haben sie auf ihre Fahne geschrieben. Ich kämpfe bis zum letzten Mann, sagt Hitler – indes ist der Krieg bereits verloren.

Deutsche! Wollt Ihr und Eure Kinder dasselbe Schicksal erleiden, das den Juden widerfahren ist? Wollt Ihr mit dem gleichen Maße gemessen werden, wie Eure Verführer? Sollen wir auf ewig das von aller Welt gehaßte und ausgestoßene Volk sein? Nein! Darum trennt Euch von dem nationalsozialistischen Untermenschentum! Beweist durch die Tat, daß Ihr anders denkt! Ein neuer Befreiungskrieg bricht an. Der bessere Teil des Volkes kämpft auf unserer Seite. -Zerreißt den Mantel, der Gleichgültigkeit, den Ihr um Euer Herz gelegt! Entscheidet Euch, *eh' es zu spät ist!*

Glaubt nicht der nationalsozialistischen Propaganda, die Euch den Bolschewistenschreck in die Glieder gejagt hat! Glaubt nicht, daß Deutschlands Heil mit dem Sieg des Nationalsozialismus auf Gedeih und Verderben verbunden sei! Ein Verbrechertum kann keinen deutschen Sieg erringen. Trennt Euch rechtzeitig von allem, was mit dem Nationalsozialismus zusammenhängt! Nachher wird ein schreckliches, aber gerechtes Gericht kommen über die, so sich feig und unentschlossen verborgen hielten.

Was lehrt uns der Ausgang dieses Krieges, der nie ein nationaler war?

Der imperialistische Machtgedanke muß, von welcher Seite er auch kommen möge, für alle Zeit unschädlich gemacht werden. Ein einseitiger preußischer Militarismus darf nie mehr zur Macht gelangen. Nur in großzügiger Zusammenarbeit der europäischen Völker kann der Boden geschaffen werden, auf welchem ein neuer Aufbau möglich sein wird. Jede zentralistische

Gewalt, wie sie der preußische Staat in Deutschland und Europa auszuüben versucht hat, muß im Keime erstickt werden. Das kommende Deutschland kann nur föderalistisch sein. Nur eine gesunde föderalistische Staatenordnung vermag heute noch das geschwächte Europa mit neuem Leben zu erfüllen. Die Arbeiterschaft muß durch einen vernünftigen Sozialismus aus ihrem Zustand niedrigster Sklaverei befreit werden. Das Truggebilde der autarken Wirtschaft muß in Europa verschwinden. Jedes Volk, jeder einzelne hat ein Recht auf die Güter der Welt!

Freiheit der Rede, Freiheit des Bekenntnisses, Schutz des einzelnen Bürgers vor der Willkür verbrecherischer Gewaltstaaten, das sind die Grundlagen des neuen Europa.

Unterstützt die Widerstandsbewegung, verbreitet die Flugblätter!

VI. Flugblatt

Kommilitoninnen! Kommilitonen!

Erschüttert steht unser Volk vor dem Untergang der Männer von Stalingrad. Dreihundertdreißigtausend deutsche Männer hat die geniale Strategie des Weltkriegsgefreiten sinn- und verantwortungslos in Tod und Verderben gehetzt. Führer, wir danken dir!

Es gärt im deutschen Volk: Wollen wir weiter einem Dilettanten das Schicksal unserer Armeen anvertrauen? Wollen wir den niedrigen Machtinstinken einer Parteiclique den Rest der deutschen Jugend opfern? Nimmermehr.

Der *Tag der Abrechnung ist gekommen*, der Abrechnung unserer deutschen Jugend mit der verabscheuungswürdigsten Tyrannis, die unser Volk je erduldet hat. Im Namen der ganzen deutschen Jugend fordern wir von dem Staat Adolf Hitlers die persönliche Freiheit, das kostbarste Gut des Deutschen zurück, um das er uns in der erbärmlichsten Weise betrogen hat.

In einem Staat rücksichtsloser Knebelung jeder freien Meinungsäußerung sind wir aufgewachsen. HJ, SA, SS haben uns in den fruchtbarsten Bildungsjahren unseres Lebens zu uniformieren, zu revolutionieren, zu narkotisieren versucht. „Weltanschauliche Schulung" hieß die verächtliche Methode, das aufkeimende Selbstdenken und Selbstwerten in einem Nebel leerer Phrasen zu ersticken. Eine Führerauslese, wie sie teuflischer und bornierter zugleich nicht gedacht werden kann, zieht ihre künftigen Parteibonzen auf Ordensburgen zu gottlosen, schamlosen und gewissenlosen Ausbeutern und Mordbuben heran, zur blinden, stupiden Führergefolgschaft. Wir „Arbeiter des Geistes" wären gerade recht, dieser neuen Herrenschicht den Knüppel zu machen. Frontkämpfer werden von Studentenführern und Gauleiteraspiranten wie Schuljungen gemaßregelt, Gauleiter greifen mit geilen Späßen den Studentinnen an die Ehre. *Deutsche Studentinnen haben an der Münchner Hochschule auf die Besudelung ihrer Ehre eine würdige Antwort gegeben,* deutsche Studenten haben sich für ihre Kameradinnen eingesetzt und standgehalten. Das ist ein Anfang zur Erkämpfung unserer freien Selbst-bestimmung, ohne die geistige Werte nicht geschaffen werden können. Unser Dank gilt den tapferen Kameradinnen und Kameraden, die mit leuchtendem Beispiel vorangegangen sind!

Es gibt für uns nur eine Parole: Kampf gegen die Partei! Heraus aus den Parteigliederungen, in denen man uns politisch weiter mundtot halten will! Heraus aus den Hörsälen der SS-, Unter- oder Oberführer und Parteikriecher! Es geht uns um die wahre Wissenschaft und echte Geistesfreiheit! Kein Drohmittel kann uns schrecken, auch nicht die Schließung unserer Hochschulen. Es gilt den Kampf jedes einzelnen von uns um unsere Zukunft, unsere Freiheit und Ehre in einem seiner sittlichen Verantwortung bewußten Staatswesen.

Freiheit und Ehre! Zehn lange Jahre haben Hitler und seine Genossen die beiden herrlichen deutsche Worte bis zum Ekel ausgequetscht, abgedroschen, verdreht, wie es nur Dilettanten vermögen, die die höchsten Werte einer Nation vor die Säue werfen. Was ihnen Freiheit und Ehre gilt, haben sie in zehn Jahren der Zerstörung aller materiellen und geistigen Freiheit, aller sittlichen Substanz im deutschen Volk genugsam gezeigt. Auch dem dümmsten Deutschen hat das furchtbare Blutbad die Augen geöffnet, das sie im Namen von Freiheit und Ehre der deutschen Nation in ganz Europa angerichtet haben und täglich neu an richten. Der deutsche Name bleibt für immer geschändet, wenn nicht die deutsche Jugend endlich aufsteht, rächt und sühnt zugleich, seine Peiniger zerschmettert und ein neues, geistiges Europa aufrichtet. *Studentinnen! Studenten! Auf uns sieht das deutsche Volk!* Von uns erwartet es, wie 1813 die Brechung des Napoleonischen, so 1943 die Brechung des nationalsozialistischen Terrors aus der Macht des Geistes.

Beresina und Stalingrad flammen im Osten auf, die Toten von Stalingrad beschwören uns!

„Frisch auf, mein Volk, die Flammenzeichen rauchen!“

Unser Volk steht im Aufbruch gegen die Verknechtung Europas durch den Nationalsozialismus, im neuen gläubigen Durchbruch von Freiheit und Ehre!

Literaturverzeichnis

Aicher-Scholl, Inge (Herausgeberin): Sippenhaft, Nachrichten und Botschaften der Familie in der Gestapo-Haft nach der Hinrichtung von Hans und Sophie Scholl, S. Fischer Verlag GmbH, Frankfurt am Main, 1993

Alber, Thomas: Pater Johannes Leppich, Das Maschinengewehr Gottes, 2. Auflage, fe-Medienverlag, Kisslegg-Immenried, 2019

Bald, Detlef/Knab, Jakob (Herausgeber): Die Stärkeren im Geiste, Zum christlichen Widerstand der Weißen Rose, 1. Auflage, Klartext Verlag, Essen, 2012

Bald, Detlef: „Wider die Kriegsmaschinerie", Kriegserfahrungen und Motive des Widerstandes der „Weissen Rose", 1. Auflage, Klartext Verlag, Essen, 2005

Bassler, Sibylle: Die Weiße Rose, Zeitzeugen erinnern sich, 1. Auflage, Rowohlt Verlag GmbH, Reinbek bei Hamburg, 2006

Benz, Wolfgang: die weiße rose, Philipp Reclam jun. GmbH & Co. KG, Ditzingen, 2017

Beuys, Barbara: Sophie Scholl, Biografie, 1. Auflage, Carl Hanser Verlag, München, 2010

Brenner, Heinz A.: Dagegen, Widerstand Ulmer Schüler gegen die deutsche Nazi-Diktatur, Rud. Roth & Cie. KG, Leutkirch im Allgäu

Chaussy, Ulrich/Ueberschär, Gerd R.: „Es lebe die Freiheit", Die Geschichte der Weißen Rose und ihrer Mitglieder in Dokumenten und Berichten, 2. Auflage, S. Fischer Verlag GmbH, Frankfurt am Main, 2013

Eilers, Rolf (Herausgeber): Löscht den Geist nicht aus, Der Bund Neudeutschland im Dritten Reich, Matthias-Grünewald-Verlag, Mainz, 1985

Fernbach, Gregor (Herausgeber): „Vergesst Gott nicht!", Leben und Werk des heiligen Märtyrers von München, Alexander (Schmorell), 2. ergänzte Auflage, Edition Hagia Sophia, Wachtendonk, 2013

Goergen, Peter: Willi Graf – Ein Weg in den Widerstand, 2. Auflage, Röhrig Universitätsverlag GmbH, St. Ingbert, 2009

Hartnagel, Thomas (Herausgeber): Sophie Scholl, Fritz Hartnagel, Damit wir uns nicht verlieren, Briefwechsel 1937-1943, S. Fischer Verlag GmbH, Frankfurt am Main, 2008

Haumann, Heiko/Schadek, Hans (Herausgeber im Auftrag der Stadt Freiburg i. Br.): Geschichte der Stadt Freiburg im Breisgau, Band 3, Von der badischen Herrschaft bis zur Gegenwart, Verlag Theiss

Hirzel, Susanne: Vom Ja zum Nein, Eine schwäbische Jugend 1933 bis 1945, Silberburg-Verlag Titus Häussermann GmbH, Tübingen, 2000

Hockerts, Hans Günter: Todesmut und Lebenswille, in VfZ 70, 2022

Huber, Clara (Herausgeberin): Kurt Huber zum Gedächtnis, „... der Tod... war nicht vergebens, Nymphenburger Verlagshandlung GmbH, München, 1986

Huber, Wolfgang (Herausgeber): Die Weiße Rose, Kurt Hubers letzte Tage, Herbert Utz Verlag GmbH, München, 2018

Jens, Inge (Herausgeberin): Hans Scholl und Sophie Scholl, Briefe und Aufzeichnungen, S. Fischer Verlag GmbH, Frankfurt am Main, 1988

Knab, Jakob: Ich schweige nicht, Hans Scholl und die Weiße Rose, wbg (Wissenschaftliche Buchgesellschaft), Darmstadt, 2018

Knoop-Graf, Anneliese/Jens, Inge (Herausgeberinnen): Willi Graf, Briefe und Aufzeichnungen, überarbeitete Neuausgabe, Fischer Taschenbuch Verlag GmbH, Frankfurt am Main, 1994

Kulturinitiative e.V. Freiburg Herausgeber): Die Weiße Rose, Gesichter einer Freundschaft, Kulturinitiative e.V. Freiburg, Freiburg, 2004

Mallmann, Klaus-Michael/Paul, Gerhard: Das zersplitterte NEIN, Saarländer gegen Hitler, Band 1, Verlag J.H.W. Dietz Nachf. GmbH, Bonn, 1989

Mertz, Thomas: Christoph Probst, Ein Student der „Weißen Rose", 1. Auflage, Paulinus Verlag GmbH, Trier, 2020

Moll, Helmut: „Weiße Rose" – vor 60 Jahren zerschlagen, herausgegeben vom Presseamt des Erzbistums Köln, 2003

Moll, Helmut (Herausgeber im Auftrag der Deutschen Bischofskonferenz): Zeugen für Christus, Das deutsche Martyrologium des 20. Jahrhunderts, 7., überarbeitete und aktualisierte Auflage, Verlag Ferdinand Schöningh GmbH & Co. KG, Paderborn, 2019

Nordblom, Pia: Heinrich Bollinger (1916-1990) – Kopf der Weißen Rose in Freiburg, In: Mut bewiesen, Widerstandsbiographien aus dem Südwesten, herausgegeben von Borgstedt, Angela/Thelen, Sibylle/Weber, Reinhold als Band 46 der Landeszentrale für politische Bildung Baden-Württemberg, 1. Auflage, Verlag W. Kohlhammer GmbH, Stuttgart, 2017

Schäfer, Franz Josef: Willi Graf und der Graue Orden, Jugendliche zwischen Kreuz und Hakenkreuz, Röhrig Universitätsverlag GmbH, St. Ingbert, 2017

Schneider, Michael C./Süß, Winfried: Keine Volksgenossen, der Widerstand der Weißen Rose, Referatskollegium der Ludwig-Maximilians-Universität München (Herausgeber), München, 1993

Scholl, Inge: Die Weiße Rose, 17. Auflage, S. Fischer Verlag GmbH, Frankfurt am Main, 2018

Selg, Peter: Alexander Schmorell, Der Idealismus der „Weißen Rose" und das geistige Russland, 1. Auflage, Verlag des Ita Wegmann Instituts, 2013

Verhoeven, Michael/Krebs, Mario: Die Weiße Rose, Der Widerstand Münchner Studenten gegen Hitler, Informationen zum Film, Fischer Taschenbuchverlag GmbH, Frankfurt am Main, 1982

Vielhaber, Klaus: Gewalt und Gewissen, Willi Graf und die „Weisse Rose", Herder-Bücherei, Band 174, Freiburg i. Breisgau, 1964

Vinke, Hermann: Das kurze Leben der Sophie Scholl, Ravensburger Verlag GmbH, Ravensburg, 1997

Waage, Peter Normann: Es lebe die Freiheit!, Traute Lafrenz und die Weiße Rose, Verlag Freies Geistesleben & Urachhaus GmbH, Stuttgart, 2012

Weiße Rose Stiftung e.V.: Die Weiße Rose, 3. überarbeitete Fassung der ausstellungsbegleitenden Broschüre in deutscher Sprache, 1. Auflage, 2005

Zoske, Robert M.: Flamme sein, Hans Scholl und die Weiße Rose, Eine Biografie, I. überarbeitete Auflage, Verlag C.H.Beck, München, 2021

Zeitungen, Zeitschriften, Magazine und Literatur aus Internetseiten finden sich in den Anmerkungen.

Anmerkungen

Einführung

1 Paál, Gábor: Holocaust, 6 Millionen ermordete Juden – Woher stammt diese Zahl?, vom 27.01.2022, in: https://www.swr.de/wissen/1000-antworten/6-millionen-holocaust-opfer-woher-stammt-diese-zahl-100.html, abgegriffen am 29.04.2022
2 https://www.aphorismen.de/gedicht/36507, abgegriffen am 30.03.2022
3 https://de.statista.com/statistik/daten/studie/1133670/umfrage/anzahl-der-todesurteile-des-volksgerichtshofs-vgh/, abgegriffen am 29.04.2022
4 Zuckmayer, Carl: Die Opposition in Deutschland, Gedenkrede vom 20. Juli 1969, Stiftung 20. Juli 1944, in: https://www.stiftung-20-juli-1944.de/reden/die-opposition-in-deutschland-carl-zuckmayer-20071969, abgegriffen am 30.03.2022

Kindheit

1 https://de.wikipedia.org/wiki/Kuchenheim, abgegriffen am 29.04.2022
2 https://de.wikipedia.org/wiki/Erster_Weltkrieg, abgegriffen am 29.04.2022
3 Geschichtswerkstatt der Interessengemeinschaft Quartier Mainzer Straße in: https://mainzerstrasse.saarland/wordpress/wp-content/uploads/2018/11/Hausbericht-Johannishof-Friedhof-2010_03_22.pdf, abgegriffen am 19.04.2022
4 Bayerischer Rundfunk, Dr. h.c. Anneliese Knoop-Graf im Gespräch mit Christoph Lindenmeyer, Sendung vom 18.12.2007: https://www.br.de/fernsehen/ard-alpha/sendungen/alpha-forum/anneliese-knoop-graf-gespraech100~attachment.pdf?, abgegriffen am 11.04.2022
5 Zeitzeugenaussage von Herrn Herrn Joachim Baez vom 12.04.2022
6 Ebd.
7 Vielhaber, Klaus: Gewalt und Gewissen, Willi Graf und die „Weisse Rose", S. 17
8 Ebd., S. 17
9 Knoop-Graf, Anneliese/ Jens, Inge (Herausgeberinnen): Willi Graf, Briefe und Aufzeichnungen, S. 279-280

Im „Bund Neudeutschland"

1 Zeitzeugenaussage von Herrn Pfarrer Helmut Gressung. Mit Mail vom 08.03.2022 hat seine Sekretärin, Frau Judith Hiber, dem Autor frühere Aussagen von Herrn Pfarrer Gressung für das Buch zur Verfügung gestellt.

Düstere Wolken ziehen auf

1 https://de.wikipedia.org/wiki/Reichstagswahl_November_1932, abgegriffen am 29.04.2022
2 https://de.wikipedia.org/wiki/Reichstagswahl_M%C3%A4rz_1933, abgegriffen am 29.04.2022
3 Zeitzeugenaussage von Herrn Pfarrer Helmut Gressung. Mit Mail vom 08.03.2022 hat seine Sekretärin, Frau Judith Hiber, dem Autor frühere Aussagen von Herrn Pfarrer Gressung für das Buch zur Verfügung gestellt.
4 Vielhaber, Klaus: Gewalt und Gewissen, Willi Graf und die „Weisse Rose“, S. 42

Im „Grauen Orden“ und Abitur

1 http://www.documentarchiv.de/wr/vv03.html, abgegriffen am 05.05.2022
2 Zeitzeugenaussage von Herrn Pfarrer Helmut Gressung. Mit Mail vom 08.03.2022 hat seine Sekretärin, Frau Judith Hiber, dem Autor frühere Aussagen von Herrn Pfarrer Gressung für das Buch zur Verfügung gestellt.
3 Bayerischer Rundfunk, Dr. h.c. Anneliese Knoop-Graf im Gespräch mit Christoph Lindenmeyer, Sendung vom 18.12.2007: https://www.br.de/fernsehen/ard-alpha/sendungen/alpha-forum/anneliese-knoop-graf-gespraech100~attachment.pdf?, abgegriffen am 30.03.2022
4 Zeitzeugenaussage von Herrn Pfarrer Helmut Gressung vom 11.04.2022

Reicharbeitsdienst

1 Reichsarbeitsdienstgesetz vom 26.06.1935 (RGBl. I S. 769)
2 Saarbrücker Zeitung vom 30.08.2019 in: https://www.saarbruecker-zeitung.de/saarland/saarlouis/dillingen/platz-in-dillingen-wird-nach-willi-graf-benannt_aid-45492131, abgegriffen am 17.03.2022

Studium in Bonn

1 Zeitzeugenaussage von Frau Dr. Ulrike Schauseil-Zipf, Köln, vom 10.05.2022

Erstmals in den Fängen der Gestapo

1 Bayerischer Rundfunk, Dr. h.c. Anneliese Knoop-Graf im Gespräch mit Christoph Lindenmeyer, Sendung vom 18.12.2007: https://www.br.de/fernsehen/ard-alpha/sendungen/alpha-forum/anneliese-knoop-graf-gespraech100~attachment.pdf?, abgegriffen am 14.04.2022
2 Ebd.

Militärdienst und erster Fronteinsatz

1 Plettenberg, Inge: Willi Graf – Briefe und Tagebücher, in: https://www.

literaturland-saar.de/themen/willi-graf-briefe-tagebuecher/willi-graf-briefe-und-tagebuecher/, abgegriffen am 30.03.2022

2 Knoop-Graf, Anneliese und Jens, Inge: Willi Graf. Briefe und Aufzeichnungen, S. 117

3 Plettenberg, Inge: Willi Graf – Briefe und Tagebücher, in: https://www.literaturland-saar.de/themen/willi-graf-briefe-tagebuecher/willi-graf-briefe-und-tagebuecher/, abgegriffen am 31.03.2022

4 Knoop-Graf, Anneliese und Jens, Inge: Willi Graf. Briefe und Aufzeichnungen, S. 128

5 Vielhaber, Klaus: Gewalt und Gewissen. Willi Graf und die Weiße Rose, S. 59

6 Ebd., S. 59-60

7 Knoop-Graf, Anneliese und Jens, Inge: Willi Graf. Briefe und Aufzeichnungen, S. 147-148

Studium in München und Zusammenfinden der sechs Freunde

1 Vielhaber, Klaus: Gewalt und Gewissen, Willi Graf und die „Weisse Rose", S. 66

2 Bayerischer Rundfunk, Dr. h.c. Anneliese Knoop-Graf im Gespräch mit Christoph Lindenmeyer, Sendung vom 18.12.2007: https://www.br.de/fernsehen/ard-alpha/sendungen/alpha-forum/anneliese-knoop-graf-gespraech100~attachment.pdf?, abgegriffen am 11.04.2022

3 Knoop-Graf, Anneliese und Jens, Inge: Willi Graf. Briefe und Aufzeichnungen, S. 161-162

4 Schweers, Ursula: FemBio, Biografie Edith Stein (2011), in: https://www.fembio.org/biographie.php/frau/biographie/edith-stein/, abgegriffen am 14.05.2022

5 Alber, Thomas: Pater Johannes Leppich. Das Maschinengewehr Gottes, fe-Medienverlag

6 Zeitzeugenaussage von Herrn Pfarrer Helmut Gressung vom 11.04.2022

7 Förtsch, Folker: Robert Scholl, Freiheit keine leere Phrase, in: https://www.stadtarchiv-crailsheim.de/stadtgeschichte/historische-schlaglichter/robert-scholl/, abgegriffen am 03.05.2022

8 https://books.google.de/books?id=QHg7DwAAQBAJ&pg=PT33&lpg=PT33&dq=Scholl+habt+ihr+nachgedacht+wie+er+das&source=bl&ots=qNxJGQ0Bg0&sig=ACfU3U3y5JBoXKHIZCICprM0ua-N3YH8xVQ&hl=de&sa=X&ved=2ahUKEwjHwJmZwN_3AhUuQ_EDHbL3CxMQ6AF6BAgREAM#v=onepage&q=Scholl%20habt%20ihr%20nachgedacht%20wie%20er%20das&f=false, abgegriffen am 14.05.2022

9 Knab, Jakob: Ich schweige nicht, Hans Scholl und die Weiße Rose, S. 79

10 Weidner, Anselm: 100. Geburtstag von Sophie Scholl, Kind der Widersprüche ihrer Zeit, in: https://www.deutschlandfunk.de/100-geburtstag-von-sophie-scholl-kind-der-widersprueche-100.html, abgegriffen am 10.07.2022
11 Moll, Helmut: „Weiße Rose" – vor 60 Jahren zerschlagen, herausgegeben vom Presseamt des Erzbistums Köln, S. 10
12 Knoop-Graf, Anneliese und Jens, Inge: Willi Graf. Briefe und Aufzeichnungen, S. 37
13 Ebd.

Leseabende und Mentoren

1 Knab, Jakob: Theodor Haecker (1879 - 1945), Ein Mentor der „Weißen Rose", in: http://weisse-rose-crailsheim.de/aufsaetze-zeitgeschichte/theodor-haecker/,abgegriffen am 09.04.2022
2 Kellerhoff, Sven Felix: „Wir schweigen nicht" – Studenten gegen Hitler, Welt, in: https://www.welt.de/kultur/history/article106493226/Wir-schweigen-nicht-Studenten-gegen-Hitler.html, abgegriffen am 14.05.2022

Die Ulmer Schüleraktion

1 https://www.pressreader.com/germany/sudwest-presse-ulm/20190917/282381221253322, abgegriffen am 14.05.2022
2 https://www.katholische-hörfunkarbeit.de/?id=3699, abgegriffen am 10.07.2022

Die ersten vier Flugblätter

1 Chaussy, Ulrich/Ueberschär, Gerd R.: „Es lebe die Freiheit", Die Geschichte der Weißen Rose und ihrer Mitglieder in Dokumenten und Berichten, S. 295

Erlebnisse an der Ostfront

1 Knoop-Graf, Anneliese; Jens, Inge: Willi Graf. Briefe und Aufzeichnungen, Dokumente, S. 43
2 Ebd., S. 44
3 https://ekihd.de/media/download/integration/141674/weisse_rose_text.pdf, abgegriffen am 24.05.2022
4 Bundeszentrale für politische Bildung, in: https://www.bpb.de/themen/nationalsozialismus-zweiter-weltkrieg/geheimsache-ghettofilm/, abgegriffen am 26.03.2022
5 http://rmg.zum.de/wiki/Erasmus_-_Projekt_Local_Traces_of_Jewish_Life_in_Europe/Das_Warschauer_Getto_damals_und_heute, abgegriffen am 26.03.2022

6 Knoop-Graf, Anneliese; Jens, Inge: Willi Graf. Briefe und Aufzeichnungen, Dokumente, S. 44
7 Ebd., S. 46
8 Ebd., S. 48
9 Ebd., S. 52
10 Ebd., S. 51
11 Ebd., S. 52
12 Bassler, Sibylle: Die Weiße Rose. Zeitzeugen erinnern sich, S. 71
13 Ebd., S. 62
14 Zeitzeugenaussage von Herrn Joachim Baez vom 12.04.2022
15 Knoop-Graf, Anneliese; Jens, Inge: Willi Graf. Briefe und Aufzeichnungen, Dokumente, S. 167-168
16 Ebd., S. 67

Der Stein kommt ins Rollen

1 Knoop-Graf, Anneliese und Jens, Inge: Willi Graf. Briefe und Aufzeichnungen, S. 79
2 Zeitzeugenaussage von Frau Dr. Ulrike Schauseil-Zipf, Köln, vom 10.05.2022

Das V. Flugblatt

1 Verhoeven, Michael/Krebs, Mario: Die weiße Rose. Der Widerstand Münchner Studenten gegen Hitler, S. 143
2 Waage, Peter Normann: Es lebe die Freiheit!, Traute Lafrenz und die Weiße Rose, S. 171
3 Dr. Kißener, Michael: Finanzier des Widerstandes Eugen Grimminger und die „Weiße Rose", in: http://weisse-rose-crailsheim.de/eugen-grimminger/finanzier-des-widerstands/seite2, abgegriffen am 03.04.2022
4 Knoop-Graf, Anneliese und Jens, Inge: Willi Graf. Briefe und Aufzeichnungen, S. 302
5 Mallmann, Klaus-Michael und Paul, Gerhard: Das zersplitterte Nein, S. 37
6 Literaturland Saar, in: https://www.literaturland-saar.de/allgemein/10-bahnhof-burbach-hochstrasse-ein-ersatzort-fuer-die-adresse-wilhelm-strasse-12-in-burbach/, abgegriffen am 24.05.2022
7 Bayerischer Rundfunk, Dr. h.c. Anneliese Knoop-Graf im Gespräch mit Christoph Lindenmeyer, Sendung vom 18.12.2007: https://www.br.de/fernsehen/ard-alpha/sendungen/alpha-forum/anneliese-knoop-graf-gespraech100~attachment.pdf?, abgegriffen am 11.04.2022
8 Knoop-Graf, Anneliese und Jens, Inge: Willi Graf. Briefe und Aufzeichnungen, S. 96
9 Huber, Wolfgang (Herausgeber): Die Weiße Rose. Kurt Hubers letzte

Tage, München, S. 56/57

10 Knoop-Graf, Anneliese und Jens, Inge: Willi Graf. Briefe und Aufzeichnungen, S. 99

11 Ebd., S. 99

12 Institut für Zeitgeschichte, München, Akte Fa 215 Band 3

13 Interview mit Heinz Bollinger. In: Stadtzeitung für Freiburg, Nr. 76, S. 16-20

14 http://www.mythoselser.de/texts/scholl-mohr.htm, abgegriffen am 06.04.2022

Eklat im Deutschen Museum

1 Görl, Wolfgang: „Der Hass muss freie Bahn haben", Süddeutsche Zeitung vom 04.05.2020, in: https://www.sueddeutsche.de/muenchen/weltkriegsende-muenchen-nazifunktionaere-1.4895164, abgegriffen am 02.04.2022

2 Knoop-Graf, Anneliese und Jens, Inge: Willi Graf. Briefe und Aufzeichnungen, S. 99

Die Niederlage von Stalingrad

1 SWR2, in: https://www.swr.de/swr2/wissen/archivradio/niederlage-von-stalingrad-in-den-nachrichten-100.html?msclkid=66382e67b2a011ecb314776fc123328e, abgegriffen am 02.04.2022

Das VI. Flugblatt

1 Finke, Hermann: Das kurze Leben der Sophie Scholl, S. 155

2 Ebd., S. 155

3 Ebd., S. 156

4 Dr. Harnack, Falk: Es war nicht umsonst, Erinnerungen an die Münchener revolutionären Studenten (1947), veröffentlicht beim Institut für Zeitgeschichte, München, in: https://www.ifz-muenchen.de/archiv/zs/zs-2033.pdf, abgegriffen am 24.05.2022

5 Knoop-Graf, Anneliese und Jens, Inge: Willi Graf. Briefe und Aufzeichnungen, S. 322-323

6 Bassler, Sibylle: Die Weiße Rose. Zeitzeugen erinnern sich, S. 114

Der verhängnisvolle 18. Februar

1 Vinke, Hermann: Das kurze Leben der Sophie Scholl, S. 169

2 Ebd., S. 171

3 Süddeutsche Zeitung vom 09.05.2011, in: https://www.sueddeutsche.de/politik/die-weisse-rose-sophie-scholl-war-in-alexander-schmorell-verknallt-1.1094704-2, abgegriffen am 11.05.2022

4 Ebd.
5 Bassler, Sibylle: Die Weiße Rose. Zeitzeugen erinnern sich., S. 50-51
6 http://www.mythoselser.de/texts/scholl-mohr.htm, abgegriffen am 11.05.2022
7 Vinke, Hermann: Das kurze Leben der Sophie Scholl, S. 171
8 Das Gupta, Oliver: Die Weiße Rose, „Alex sagte: Jetzt haben sie Hans und Sophie weggebracht", Süddeutsche Zeitung vom 09.05.2011, in: https://www.sueddeutsche.de/politik/die-weisse-rose-sophie-scholl-war-in-alexander-schmorell-verknallt-1.1094704-2, abgegriffen am 11.05.2022

Der erste Prozess am 22. Februar 1943

1 Bayerischer Rundfunk, Dr. h.c. Anneliese Knoop-Graf im Gespräch mit Christoph Lindenmeyer, Sendung vom 18.12.2007: https://www.br.de/fernsehen/ard-alpha/sendungen/alpha-forum/anneliese-knoop-graf-gespraech100~attachment.pdf?, abgegriffen am 14.05.2022
2 Vinke, Hermann: Das kurze Leben der Sophie Scholl, S. 179
3 Ebd., S. 180
4 Scholl, Inge: Die Weiße Rose, S. 184 ff.
5 Ebd., S. 61
6 Ebd., S. 62

Der zweite Prozess am 19. April 1943

1 https://de.wikipedia.org/wiki/Martin_Stier_(Jurist), abgegriffen am 13.05.2022
2 https://de.wikipedia.org/wiki/Franz_Breithaupt, abgegriffen am 13.05.2022
3 https://de.wikipedia.org/wiki/Max_K%C3%B6glmaier, abgegriffen am 13.05.2022
4 ZEIT Geschichte 4/09 vom 24.11.2009: Deutscher Widerstand, „Keine Träne, aufrecht", in: https://www.zeit.de/zeit-geschichte/2009/04/Dokument-Weisse-Rose, abgegriffen am 13.05.2022

Das bange Warten auf den Tod

1 ZEIT Geschichte 4/09 vom 24.11.2009: Deutscher Widerstand, „Keine Träne, aufrecht", in: https://www.zeit.de/zeit-geschichte/2009/04/Dokument-Weisse-Rose, abgegriffen am 13.05.2022
2 Bayerischer Rundfunk, Franz Josef Müller im Gespräch mit Christoph Lindenmeyer (2003, Stand 27.12.2011), in: https://www.br.de/fernsehen/ard-alpha/sendungen/alpha-forum/franz-josef-mueller-gespraech100~attachment.pdf?, abgegriffen am 24.03.2022
3 Vgl. § 5 Abs. 2 des Art. III des Gesetzes zur Änderung des Strafrechts und des Strafverfahrens vom 24.04.1934.

4 Knoop-Graf, Anneliese; Jens, Inge: Willi Graf. Briefe und Aufzeichnungen, Dokumente
5 Schäfer, Franz Josef: Willi Graf und der Graue Orden, S. 188-189
6 Bassler, Sybille: Die Weiße Rose. Zeitzeugen erinnern sich, S. 73
7 Bayerischer Rundfunk, Dr. h.c. Anneliese Knoop-Graf im Gespräch mit Christoph Lindenmeyer, Sendung vom 18.12.2007: https://www.br.de/fernsehen/ard-alpha/sendungen/alpha-forum/anneliese-knoop-graf-gespraech100~attachment.pdf?, abgegriffen am 24.03.2022
8 Ebd.
9 Knoop-Graf, Anneliese; Jens, Inge: Willi Graf. Briefe und Aufzeichnungen, S. 187
10 Bayerischer Rundfunk, Dr. h.c. Anneliese Knoop-Graf im Gespräch mit Christoph Lindenmeyer, Sendung vom 18.12.2007: https://www.br.de/fernsehen/ard-alpha/sendungen/alpha-forum/anneliese-knoop-graf-gespraech100~attachment.pdf?, abgegriffen am 25.03.2022
11 Knoop-Graf, Anneliese; Jens, Inge: Willi Graf. Briefe und Aufzeichnungen, S. 191
12 Ebd., S. 194
13 Weiße Rose Stiftung e.V., München, in: https://www.weisse-rose-stiftung.de/widerstandsgruppe-weisse-rose/, abgegriffen am 24.05.2022

Hinrichtung und Beisetzung

1 Knoop-Graf, Anneliese; Jens, Inge: Willi Graf. Briefe und Aufzeichnungen, Dokumente, S. 198-199
2 Plettenberg, Inge: Willi Graf – Briefe und Tagebücher, in: https://www.literaturland-saar.de/themen/willi-graf-briefe-tagebuecher/willi-graf-briefe-und-tagebuecher/, abgegriffen am 25.03.2022
3 Bayerischer Rundfunk, Dr. h.c. Anneliese Knoop-Graf im Gespräch mit Christoph Lindenmeyer, Sendung vom 18.12.2007: https://www.br.de/fernsehen/ard-alpha/sendungen/alpha-forum/anneliese-knoop-graf-gespraech100~attachment.pdf?, abgegriffen am 25.03.2022
4 Plettenberg, Inge: Willi Graf – Briefe und Tagebücher: https://www.literaturland-saar.de/themen/willi-graf-briefe-tagebuecher/willi-graf-briefe-und-tagebuecher/, abgegriffen am 25.03.2022

Verehrung durch die Nachwelt

1 Landeshauptstadt Saarbrücken: „… Jeder Einzelne trägt die ganze Verantwortung.“, 2017
2 Zeitzeugenaussage von Herrn Dekan Christian Heinz vom 07.05.2022
3 Zeitzeugenaussage von Pater Karl Kern SJ vom 04.07.2022

Anhang

https://www.weisse-rose-stiftung.de/widerstandsgruppe-weisse-rose/flugblaetter/vi-flugblatt-der-weissen-rose/, abgegriffen am 21.05.2022

Bildnachweis

Abb. 1	Privatarchiv Prälat Prof. Dr. Helmut Moll, Köln
Abb. 2	digitized by: BiblioArchives / LibraryArchives Yousuf Karsh creator QS:P170,Q312859 (https://commons.wikimedia.org/wiki/File:Sir_Winston_Churchill_-_19086236948.jpg), „Sir Winston Churchill - 19086236948", https://creativecommons.org/licenses/by/2.0/legalcode, abgegriffen am 30.03.2022
Abb. 3	Stadtarchiv Euskirchen, M285-05A
Abb. 4	Dipl. theol. Ernst-Georg Raaf, Euskirchen
Abb. 5	Ebd.
Abb. 6	Stadtarchiv Euskirchen, FN-G003/02
Abb. 7	Werner Johann, Saarbrücken
Abb. 8	Bayerisches Hauptstaatsarchiv, München, Nachlass Willi Graf 123
Abb. 9	Jette Heyer
Abb. 10	Hist. Verein für die Saargegend, gegr. 1839
Abb. 11	Martin Weinberg, Saarbrücken
Abb. 12	Bayerisches Hauptstaatsarchiv, München, Nachlass Willi Graf 123
Abb. 13	Ebd., Nachlass Willi Graf 128
Abb. 14	Bundesarchiv, Bild 102-15347 / CC-BY-SA 3.0 (https://commons.wikimedia.org/wiki/File:Bundesarchiv_Bild_102-15347,_Berlin,_Ernennung_Adolf_Hitlers_zum_Reichskanzler.jpg), „Bundesarchiv Bild 102-15347, Berlin, Ernennung Adolf Hitlers zum Reichskanzler", https://creativecommons.org/licenses/by-sa/3.0/de/legalcode
Abb. 15	Thomas Alber, Friedrichshafen
Abb. 16	User:VasilievVV and user:Jarekt (https://commons.wikimedia.org/wiki/File:Blue_pencil.svg), „Blue pencil", als gemeinfrei gekennzeichnet, Details auf Wikimedia Commons: https://commons.wikimedia.org/wiki/Template:PD-self
Abb. 17	Pfarrer Helmut Gressung
Abb. 18	Reichsgesetzblatt Teil II vom 18.09.1933
Abb. 19	Bayerisches Hauptstaatsarchiv, München, Nachlass Willi Graf 127
Abb. 20	Landesarchiv Saarland, Saarbrücken, SB 921

Abb. 21 Ebd.
Abb. 22 Ebd.
Abb. 23 Ebd., SB 862
Abb. 24 Geschichtswerkstatt Dillingen/Saar
Abb. 25 Stadtarchiv und Stadthistorische Bibliothek Bonn, Luftbildfirma Strähle-Luftbild, Schorndorf
Abb. 26 Universitätsarchiv München, StudKart II (Marianne Thoeren)
Abb. 27 Bayerisches Hauptstaatsarchiv, München, Nachlass Willi Graf 127
Abb. 28 Universitätsarchiv München, StudKart II (Anneliese Graf)
Abb. 29 Bayerisches Hauptstaatsarchiv, München, Nachlass Willi Graf
Abb. 30 Bundesarchiv, Bild 146-1981-149-34A / CC-BY-SA 3.0 (https://commons.wikimedia.org/wiki/File:Bundesarchiv_Bild_146-1981-149-34A,_Russland,_Herausziehen_eines_Autos.jpg), „Bundesarchiv Bild 146-1981-149-34A, Russland, Herausziehen eines Autos", https://creativecommons.org/licenses/by-sa/3.0/de/legalcode
Abb. 31 Stadtarchiv Crailsheim
Abb. 32 Universitätsarchiv München, StudKart II (Hans Scholl)
Abb. 33 Thomas Alber, Friedrichshafen
Abb. 34 Privatarchiv Jörg Hartnagel; Stadtarchiv Crailsheim
Abb. 35 Universitätsarchiv München, StudKart II (Sophie Scholl)
Abb. 36 Privatarchiv Jörg Hartnagel
Abb. 37 Ebd., StudKart II (Gisela Schertling)
Abb. 38 Thomas Alber, Friedrichshafen
Abb. 39 Privatarchiv Schmorell
Abb. 40 Ebd.
Abb. 41 Universitätsarchiv München, StudKart II (Traute Lafrenz)
Abb. 42 Ebd., (Christoph Probst)
Abb. 43 Thomas Alber, Friedrichshafen
Abb. 44 Stadtarchiv Chur (CH), F14.131, Foto Gross
Abb. 45 Universitätsarchiv München (Prof. Dr. Kurt Huber)
Abb. 46 Sentana Filmproduktion, München
Abb. 47 Bayerische Staatsbibliothek, München, port-026287
Abb. 48 Thomas Alber, Friedrichshafen
Abb. 49 Ebd.
Abb. 50 User:VasilievVV and user:Jarekt (https://commons.wikimedia.org/wiki/File:Blue_pencil.svg), „Blue pencil", als gemeinfrei gekennzeichnet, Details auf Wikimedia Commons: https://commons.wikimedia.org/wiki/Template:PD-self
Abb. 51 Bistumsarchiv Münster, Bildersammlung, Fotograf: Gustav Alber

Abb. 52 Dietmar Rabich (https://commons.wikimedia.org/wiki/File:Münster,_St.-Paulus-Dom,_Kreuzigungsgruppe_--_2018_--_3674.jpg), https://creativecommons.org/licenses/by-sa/4.0/legalcode

Abb. 53 Thomas Alber, Friedrichshafen

Abb. 54 Stadtarchiv Ulm

Abb. 55 Ebd.

Abb. 56 Archiv DZOK Ulm, Objekt 121

Abb. 57 Thomas Alber, Friedrichshafen

Abb. 58 Stadtarchiv Ulm

Abb. 59 Bundesarchiv, Bild 121-1339 / CC-BY-SA 3.0 (https://commons.wikimedia.org/wiki/File:Bundesarchiv_Bild_121-1339,_Köln,_Innenstadt_nach_Luftangriff.jpg), „Bundesarchiv Bild 121-1339, Köln, Innenstadt nach Luftangriff", https://creativecommons.org/licenses/by-sa/3.0/de/legalcode

Abb. 60 Privatarchiv Schmorell

Abb. 61 Thomas Kortenkamp

Abb. 62 Ausschnitt aus dem Kurzfilm „Herstellung der Flugblätter - Widerstandsgruppe Weiße Rose", DenkStätte Weiße Rose am Lichthof der LMU, @Weiße Rose Stiftung e.V.; Foto: Thomas Alber

Abb. 63 Jürgen Wittenstein; akg-images (AKG894365)

Abb. 64 Marzena Swirska-Molenda, Warschau

Abb. 65 Bundesarchiv, Bild 101I-134-0771A-39 / Zermin / CC-BY-SA 3.0 (https://commons.wikimedia.org/wiki/File:Bundesarchiv_Bild_101I-134-0771A-39,_Polen,_Ghetto_Warschau,_Kind_in_Lumpen.jpg), „Bundesarchiv Bild 101I-134-0771A-39, Polen, Ghetto Warschau, Kind in Lumpen", https://creativecommons.org/licenses/by-sa/3.0/de/legalcode

Abb. 66 nieznany/unknown (https://commons.wikimedia.org/wiki/File:Train_from_Warsaw_Ghetto_at_Treblinka_August_1942.jpg), „Train from Warsaw Ghetto at Treblinka August 1942", als gemeinfrei gekennzeichnet, Details auf Wikimedia Commons: https://commons.wikimedia.org/wiki/Template:PD-1996

Abb. 67 Bundesarchiv, Bild 101I-134-0766-26 / Knobloch, Ludwig / CC-BY-SA 3.0 (https://commons.wikimedia.org/wiki/File:Bundesarchiv_Bild_101I-134-0766-26,_Polen,_Ghetto_Warschau,_Juden_auf_LKW.jpg), „Bundesarchiv Bild 101I-134-0766-26, Polen, Ghetto Warschau, Juden auf LKW", https://creativecommons.org/licenses/by-sa/3.0/de/legalcode

Abb. 68 Thomas Alber, Friedrichshafen

Abb. 69 Jürgen Wittenstein; akg-images (AKG1565826)
Abb. 70 Thomas Alber, Friedrichshafen
Abb. 71 Ebd.
Abb. 72 Ebd.
Abb. 73 Hochgeladen von --Nightflyer (https://commons.wikimedia.org/wiki/File:Stamps_of_Germany_(DDR)_1983,_MiNr_Block_070.jpg), „Stamps of Germany (DDR) 1983, MiNr Block 070", als gemeinfrei gekennzeichnet, Details auf Wikimedia Commons: https://commons.wikimedia.org/wiki/Template:PD-GDR stamps
Abb. 74 Stadtarchiv Chemnitz: Q 01 Bildarchiv, Sign. Röm. 1_019956
Abb. 75 Stadtarchiv Crailsheim, Sammlung Grimminger, F7109 Grimminger1945.jpg
Abb. 76 Stadtarchiv Crailsheim, Sammlung Grimminger
Abb. 77 Sauer (https://commons.wikimedia.org/wiki/File:Arvid_Harnack.jpg), „Arvid Harnack", als gemeinfrei gekennzeichnet, Details auf Wikimedia Commons: https://commons.wikimedia.org/wiki/Template:PD-GDR stamps
Abb. 78 Bayerisches Hauptstaatsarchiv, München
Abb. 79 Ernst Grasser, München
Abb. 80 Thomas Kortenkamp
Abb. 81 Sentana Filmproduktion, München
Abb. 82 Thomas Alber, Friedrichshafen
Abb. 83 Ebd.
Abb. 84 User:VasilievVV and user:Jarekt (https://commons.wikimedia.org/wiki/File:Blue_pencil.svg), „Blue pencil", als gemeinfrei gekennzeichnet, Details auf Wikimedia Commons: https://commons.wikimedia.org/wiki/Template:PD-self
Abb. 85 Sentana Filmproduktion, München
Abb. 86 Bundesarchiv, Bild 183-F0316-0204-005 / CC-BY-SA 3.0 (https://commons.wikimedia.org/wiki/File:Bundesarchiv_Bild_183-F0316-0204-005,_Russland,_Paulus_in_Kriegsgefangenschaft.jpg), „Bundesarchiv Bild 183-F0316-0204-005, Russland, Paulus in Kriegsgefangenschaft", https://creativecommons.org/licenses/by-sa/3.0/de/legalcode
Abb. 87 Bundesarchiv, Bild 183-E0406-0022-010 / CC-BY-SA 3.0 (https://commons.wikimedia.org/wiki/File:Bundesarchiv_Bild_183-E0406-0022-010,_Kolonne_deutscher_Kriegsgefangener.jpg), „Bundesarchiv Bild 183-E0406-0022-010, Kolonne deutscher Kriegsgefangener", https://creativecommons.org/

licenses/by-sa/3.0/de/legalcode

Abb. 88 RIA Novosti archive, image #602161 / Zelma / CC-BY-SA 3.0 (https://commons.wikimedia.org/wiki/File:RIAN_archive_602161_Center_of_Stalingrad_after_liberation.jpg), „RIAN archive 602161 Center of Stalingrad after liberation", https://creativecommons.org/licenses/by-sa/3.0/legalcode

Abb. 89 Thomas Alber, Friedrichshafen

Abb. 90 Sentana Filmproduktion, München

Abb. 91 Thomas Alber, Friedrichshafen

Abb. 92 Ebd.

Abb. 93 Ebd.

Abb. 94 US Army Signal Corps (https://commons.wikimedia.org/wiki/File:Jakob_Schmid_Februar_1947.jpg), „Jakob Schmid Februar 1947", als gemeinfrei gekennzeichnet, Details auf Wikimedia Commons: https://commons.wikimedia.org/wiki/Template:PD-US

Abb. 95 Sentana Filmproduktion, München

Abb. 96 Stadtarchiv München, DE-1992-FS-HB-II-a-0118

Abb. 97 Ebd., DE-1992-FS-PER-P-0003-01

Abb. 98 Ebd., DE-1992-FS-PER-S-0008-01

Abb. 99 Abbildung in der DenkStätte Weiße Rose am Lichthof der LMU; Foto: Thomas Alber

Abb. 100 Richard Huber (https://commons.wikimedia.org/wiki/File:Justizpalast,_Weisse_Rose.jpg), „Justizpalast, Weisse Rose", https://creativecommons.org/licenses/by-sa/3.0/legalcode

Abb. 101 Sentana Filmproduktion, München

Abb. 102 Stadtarchiv München, DE-1992-FS-KULA-046-01

Abb. 103 Thomas Alber, Friedrichshafen

Abb. 104 Stadtarchiv München, DE-1992-FS-PK-STB-13415

Abb. 105 Staatsarchiv München, JVA München 16100

Abb. 106 Bundesarchiv, Bild 183-J03238 / CC-BY-SA 3.0 (https://commons.wikimedia.org/wiki/File:Bundesarchiv_Bild_183-J03238,_Roland_Freisler.jpg), „Bundesarchiv Bild 183-J03238, Roland Freisler", https://creativecommons.org/licenses/by-sa/3.0/de/legalcode

Abb. 107 Bundesarchiv, Berlin, Akte R 3001/147268

Abb. 108 Stadtarchiv München, DE-1992-FS-NL-PETT2-3491

Abb. 109 Universitätsarchiv München

Abb. 110 Bleistiftzeichnung von Irina Levina, Lindau, ergänzt durch eine Photoshop-Bearbeitung von Thomas Alber

Abb. 111 Michael Sabadi, Nürnberg; www.rekonquista.de
Abb. 112 Ebd.
Abb. 113 Guillotine, Inv.-Nr. NN 2776 - NN 2806, Foto Nr. D96791, © Bayerisches Nationalmuseum München
Foto: Haberland, Walter
Abb. 114 Thomas Alber, Friedrichshafen
Abb. 115 Stadt München
Abb. 116 Foto unbekannter Herkunft
Abb. 117 Martin Weinberg, Saarbrücken
Abb. 118 Werner Johann, Saarbrücken
Abb. 119 Saarbrücker Zeitung vom 07.11.1946
Abb. 120 Jürgen Wittenstein; akg-images
Abb. 121 Thomas Alber, Friedrichshafen
Abb. 122 Ebd.
Abb. 123 Unknown authorUnknown author (https://commons.wikimedia.org/wiki/File:Kapitulation-reims.gif), „Kapitulation-reims", als gemeinfrei gekennzeichnet, Details auf Wikimedia Commons: https://commons.wikimedia.org/wiki/Template:PD-US
Abb. 124 ACBahn (https://commons.wikimedia.org/wiki/File:Aachener_Nachrichten_8._Mai_1945.jpg), „Aachener Nachrichten 8. Mai 1945", https://creativecommons.org/licenses/by/3.0/legalcode
Abb. 125 Mapham J (Sgt), No 5 Army Film & Photographic Unit (https://commons.wikimedia.org/wiki/File:Germany_Under_Allied_Occupation_1945_BU7358.jpg), „Germany Under Allied Occupation 1945 BU7358", als gemeinfrei gekennzeichnet, Details auf Wikimedia Commons: https://commons.wikimedia.org/wiki/Template:PD-UKGov
Abb. 126 Thomas Alber, Friedrichshafen
Abb. 127 Martin Weinberg, Saarbrücken
Abb. 128 Ebd.
Abb. 129 Ebd.
Abb. 130 Dekan Christian Heinz, Saarbrücken
Abb. 131 Ebd.
Abb. 132 Michael Altmaier, Saarbrücken
Abb. 133 SJ-Bild